シリーズ「遺跡を学ぶ」020

大仏造立の都

紫香楽宮

小笠原好彦

新泉社

大仏造立の都
―紫香楽宮―
小笠原好彦

【目次】

第1章　見つかった紫香楽宮

1　「史跡紫香楽宮跡」

たぬきの里

近江は琵琶湖の周囲に広がる地域である。古代には滋賀《しが》郡、栗太《くりもと》郡、野洲《やす》郡、甲賀《こうか》郡など九つの郡が湖をめぐるように設けられていた。しかし、これら九郡のうち、甲賀郡のみは湖から遠く隔たった内陸部に位置し、しかも平地の乏しい山間地である。

この甲賀郡は大きく見ると、近江でもっとも大きな河川である野洲川が流れる北部、杣川《そまがわ》が流れる中央部、大戸川《だいとがわ》が流れる南部に分かれる。そして中世から土のもつ味わいがそのまま表現されたような信楽焼《しがらきやき》の生産地だった信楽は、南の大戸川上流の小盆地にある。今日でも、信楽は多様な日常雑器やたぬきの置物の生産地としてよく知られるところだ（図1）。

この大戸川上流にある信楽の小盆地は信楽焼の生産地というだけでなく、奈良時代に聖武《しょうむ》天皇が紫香楽宮《しがらきのみや》を造営し、また初めて大仏を造立《ぞうりゅう》し、あわせて甲賀寺《こうかでら》の造営を進めた地であった。

紫香楽宮研究の前史

ここは古く江戸時代の一六八九年（元禄二）に編まれた原田蔵六の『淡海地誌《おうみちし》』に、一つの説として、保良《ほらの》宮《みや》（平城宮の改造のため、七六一年から七六二年にかけて淳仁《じゅんにん》天皇や孝謙《こうけん》上皇が在位した宮で、近江に造られた）が所在した地の候

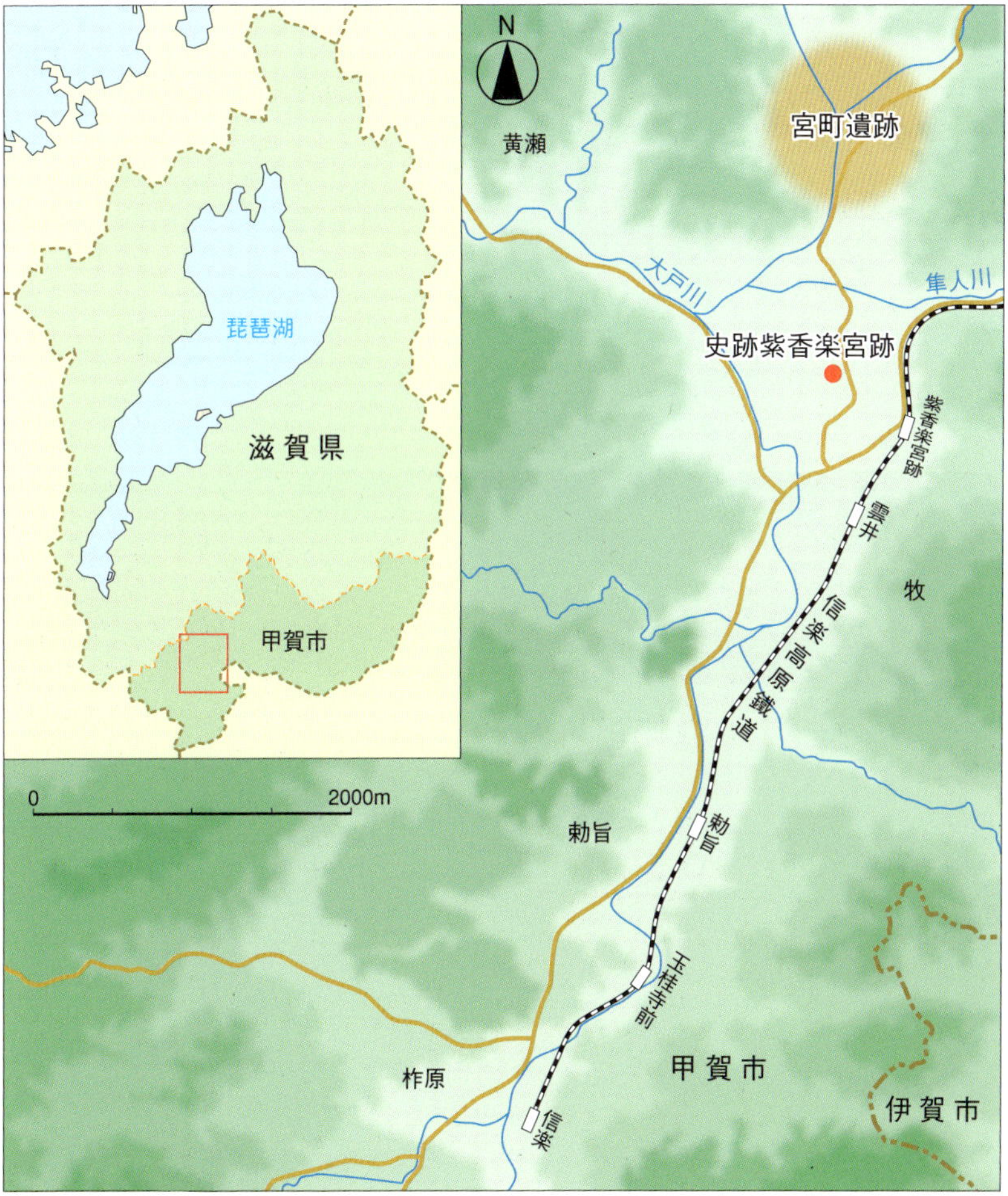

図１ ● 信楽と紫香楽宮跡周辺図
史跡紫香楽宮跡の北に新たに判明した紫香楽宮（宮町遺跡）がある。

補として信楽の黄瀬《きのせ》村にある内裏野《だいりの》が想定される、として登場する。

しかし、一七三四年（享保一九）に編纂された寒川辰清《さむかわたつきよ》の『近江輿地志略《おうみよちしりゃく》』は、黄瀬村には寺野《てらの》とよばれる地があり、ここは聖武天皇の遷都の地といわれているが、そうではなく甲賀寺跡であるとした。礎石があり、また古瓦が多く散布することや近くに鍛冶屋敷跡というところがあることも記されている。

さらに、貞享《じょうきょう》年間（一八六四〜八八）に編まれたとされる『淡海温故録《おうみおんころく》』にも、天平一五年（七四三）一〇月一五日に信楽で大仏殿の造営があり、甲賀寺とも信楽寺とも号したが、奈良に東大寺が造られ、大仏殿ができたことから、この寺は奈良に移されたとあって、黄瀬村の内裏野に大仏殿、内裏の旧跡があり、礎石がそのまま残っていると記されている。

国史跡の指定と疑問

このように黄瀬の内裏野の台地は、礎石が残り古瓦

図 2 ● 史跡紫香楽宮の石標
1926 年に史跡指定された紫香楽宮の石標。

図3 ● **紫香楽宮関連遺跡**（南から）
史跡紫香楽宮跡の北に、鍛冶屋敷遺跡、新宮神社遺跡、その北の小盆地に紫香楽宮（宮町遺跡）が営まれていた。

が散布するところとして、古くから注目されていたが、近代に入って、一九二三年（大正一二）四月、史蹟名勝天然紀念物調査員の黒板《くろいた》勝美《かつみ》によって視察がおこなわれた。その時の踏査によって、二五七個にも及ぶ礎石の配置図がつくられた。そして翌年には史跡に仮指定され、さらに一九二六年（大正一五）一〇月、内務省によって正式に史跡に指定されたのである。

しかし、そのころ大津市内で大津宮の調査にかかわっていた肥後《ひご》和男《かずお》は、史跡内に残っている建物の礎石配置が寺院跡に類似すること、古代の宮殿遺跡でこのように多くの礎石が残る例が知られていないことなどから、内裏野の史跡をさらに精査する必要があると提起し、滋賀県保勝会によって短期間ながら発掘調査をすることが計画された。

一九三〇年（昭和五）一月六日から九日まで、わずか四日間ながら肥後による発掘調査が実施され、新たに中門跡、経楼《きょうろう》跡、鐘楼《しょうろう》跡、塔跡、塔院の垣

図4 ● 黒板勝美ら一行（1930年1月）
肥後和男の調査の見学に訪れた研究者たち。中央に立つ浜田耕作と礎石に坐す黒板勝美。

などが追加して検出された（図46参照）。そのため、それまで南殿、北殿、後殿、垣牆《えんしょう》（かきね）とみなされてきた遺構は、南殿を金堂、北殿を講堂、後殿を僧房と理解されることになった。その結果、それまで宮殿跡とされてきた建物群の配置は、西側に金堂院を中心とする建物群、その東に塔院とその北に食堂《じきどう》などを配した東大寺式伽藍をなすことが明らかになった。このことから、この史跡は紫香楽宮そのものとはみなしえないことになった。

第二次世界大戦後の一九五〇年、塔跡の一部が再調査され、塔基壇が二重基壇をなすことが知られた。さらに一九六三年から六六年にかけて、建物跡の保存をはかるために現状のまま基壇などを保護し、見学路を設ける史跡整備がおこなわれ、その際に建物の一部の実測図が作成された。また、史跡整備報告書に、これまでの研究経過や奈良国立文化財研究所による伽藍の立体復原図などが掲載された。この立体復原図は史跡に設けられた説明板に図示されている。しかし、この史跡整備では地下遺構を調査することはせず、肥後の調査を再確認するにとどまった。

2　新たな紫香楽宮の発見

水田の中の三本の柱根

ところが、その後、予期せぬことが起こった。信楽町では一九六九年から雲井《くもい》地区で圃場整備《ほじょうせいび》事業がおこなわれ、一九七三・七四年には北部の宮町《みやまち》でも実施された。この水田の畦畔《けいはん》をつけ替える圃場整備の工事中に、水田から柱根（図5）三本が掘りだされ、じつに幸運なことに水田の地権者によって拾われることになった。

三本の柱根は、一九七五年、信楽町教育委員会の知るところとなり、さらに町教育委員会が県と連絡をとって調査したところ、奈良時代に建てられた掘立柱建物の柱材の基部であることが判明した。

しかし、すでに圃場整備事業が終了した時期のことでもあり、宮町で発掘調査をおこなう計画は容易に進めにくい状況であった。その後、信楽町全域の遺跡分布調査が実施され、やがて一九八四年二月、宮町遺跡で第一次の発掘調査が滋賀県教育委員会と信楽町教育委員会の合同で実施される運びになったのである。

図5 ● 柱根
下方に筏に組むためのえつり穴がある。

建物跡の検出と木簡の出土

第一次調査は、宮町遺跡で柱根が見いだされた中央北辺地区の付近で実施され、掘立柱建物、塀が存在したことをしめす柱穴群、溝などが検出され、奈良時代の土師器《はじき》、須恵器《すえき》の遺物が出土した。第二次・第三次調査でも掘立柱建物の一部、塀の一部などが検出された。

続く第四次調査からは、信楽町教育委員会が単独で調査を担当することになった。この第四次調査で、建物の柱穴が検出されたほかに、溝から「奈加王」「垂見□」と記されたものなど六点の木簡が出土し（図6）、にわかに注目されることになった。

さらに、調査は継続しておこなわれ、一九九二年一二月に、宮町遺跡の調査を円滑に進めるため、紫香楽宮跡調査委員会が設立され、恭仁宮《くにのみや》、恭仁京《くにきょう》の復原や紫香楽宮の宮域の研究を進める足利健亮《あしかがけんりょう》が委員長を担うことになった。ちなみに、「宮」とは天皇の居所と政務をおこなう役所（官衙《かんが》）を一体に設けたもの、「京」は宮に隣接する官人層や民衆が居住した広大な地域である。

そして一九九三年には、北辺の中央部地区で第一三次調査、その西方で第一四次調査が実施された。このうち第一三次調査（図7）では、四面に庇《ひさし》をもつ大形の東西棟建物が検出され、その南東で検出された溝から木簡が出土した。

これらの木簡には、「天平十三年十月」と記された駿河から堅魚《かつお》を貢納した調《ちょう》の付札木簡（図6）があり、さらに「天□□五年十一月二日」と年紀を記した越前からの木簡も出土した。

『続日本紀』天平一五年一〇月一六日条に、

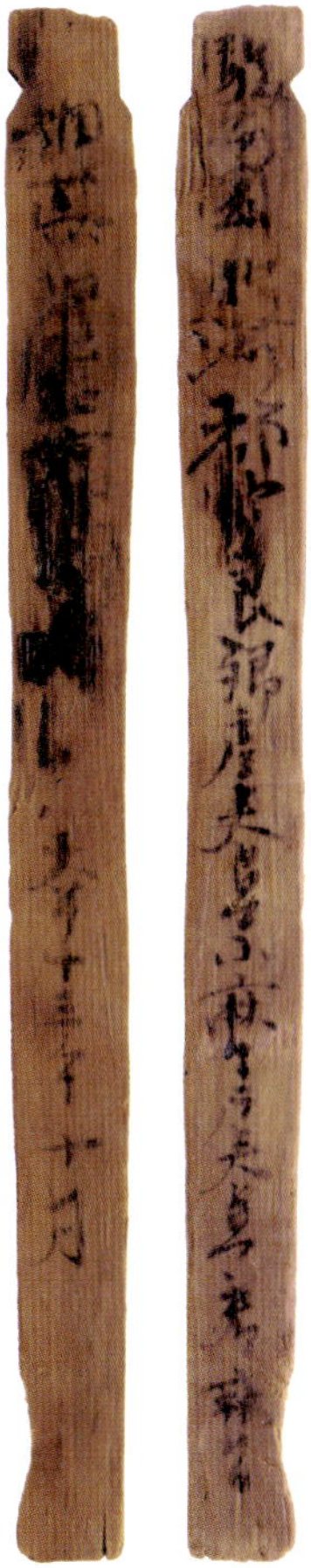

「天平十三年十月」の付札木簡

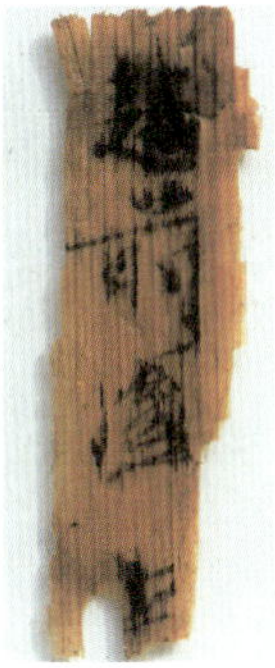

「越前国」

「奈加王」

図6 ● 宮町遺跡から出土した木簡

紫香楽の地で盧舎那仏《るしゃなぶつ》を造立する詔《みことのり》が聖武天皇によってだされ、翌一五日には東海、東山、北陸三道の二五国がこの年に貢納する調庸《ちょうよう》は、紫香楽宮に運び込むように命じたことが記されている。天平一五年（七四三）の越前からの木簡は、その命令によってこの地にもたらされた木簡であり、宮町遺跡が紫香楽宮と強い関連をもつことを示唆するものであった。

翌年の第一五次調査は、第一三次調査で見つかった東西棟建物の少し東側を調査することになり、桁行五間以上、梁行四間（図14参照）で、四面庇をもつ大形東西建物、その東南で桁行五間、梁行四間の東西棟建物が見つかった。

さらに第一六次調査は、西南部の北半で実施され、続いておこなわれた西南部の第二二次調査で北から南へ流れる幅広い南北溝と南端付近を流れる東西溝が合流することが明らかになった。これらの溝からも多量の木簡が出土し、荷札などのほかに木簡の削屑が多数含まれていた。木簡の削屑は、多くの官人たちがここ

図7 ● 宮町遺跡第13次調査
多量に木簡が出土して注目された第13次調査地の一部。

で事務を執っていたことが想定され、宮町遺跡には官衙的な施設の置かれた可能性が高くなった。

宮町遺跡に紫香楽宮と関連する施設があったことは、ほぼ疑いないものになったのである。

大形建物の検出

二〇〇〇年の第二八次調査は、宮町遺跡の中央南半部にあたる地区で調査を進めることになった。ここは圃場整備をおこなう以前には、東西方向の大形の建物が構築されたことを想定しうるような東西に長い長方形状の地割が残っており、早くから調査委員会の委員長足利健亮が注目してきた地区であった。しかし、その調査は遅れ、足利が他界した翌年の二〇〇〇年に実施されることになった。

調査が開始された後の七月ごろ、調査区の北半部で、北と東西に庇をもつ南北棟の掘立柱建物の柱穴が見つかった。しかも、八月、九月と調査が進むにつれ、しだいに南側に桁行がふえることになった。一〇月末に

図８ ● 朝堂院前殿現地説明会（2001 年秋）
朝堂院の中心建物（前殿）に見入る市民たち。

は二〇間を数えたが、なお調査地外に延びていた。

この一〇〇メートルを超える大形建物は、宮町遺跡の中央南半部に位置し、しかもその長大な規模からすると、『続日本紀』天平一七年（七四五）正月七日条に記されている紫香楽宮の朝堂以外に想定しにくいものだった。

この建物を朝堂とすると、紫香楽宮の中枢部が宮町遺跡に設けられていたことが決定的となる。すでに三〇〇〇点を超える多数の木簡が出土しているとはいえ、初めて紫香楽宮が宮町遺跡にあったと確信しうる遺構が検出されたことになる。この調査成果は、多くの報道機関が注目するところとなり、大きくとりあげられた。つぎの課題は、この朝堂と思われる建物と対称の位置に、同一の桁行、梁行の柱間隔で構築されている建物を確認することだ。

翌二〇〇一年、前年に検出した長大な南北棟建物の東側一帯を調査することになった。その結果、その東一一〇メートルで、長大な南北棟建物が検出され、し

図9 ● 宮町遺跡第15次調査
中央北辺部の東側一帯での掘立柱建物の検出作業。

かも二棟の建物間に、大形の四面庇をもつ東西棟建物が二棟、前後に配されていることも判明した（図29参照）。この二棟の東西棟建物のうち、北の建物は後に東西に塀をともなう小形の門に改修されている。北の門にとりつく塀が南の東西棟建物と朝堂建物をかこんで朝堂院を構成したと想定すると、これらの朝堂院の建物配置は平城宮、難波宮、恭仁宮の朝堂院とは、かなり異なる配置をなしていたことになる。

また、宮町遺跡の中央南半部に朝堂院が構成されていたとすると、その北に内裏空間が設けられていたことが容易に推測されることになる。しかし、その北の調査では、二〇〇二年に大形の東西棟建物が検出されただけで、まだほかの建物との関連も全体の空間構成も明らかになっていない。あるいは、地形からすると、内裏は一定の空間を隔てて北部に配されたことも想定される。

以上のような宮町遺跡の調査経過から、紫香楽宮はこれまで長いこと「史跡紫香楽宮跡」とされてきた内裏野ではなく、その北二キロにある宮町遺跡にあったことが判明したのである。

本書は近年の調査で明らかになってきた紫香楽宮の実態を紹介するのであるが、その前に次章では、聖武天皇が東国への行幸に始まる彷徨の果てに紫香楽宮に遷都するまでを考古学的知見をとり入れながら説明していこう。

第2章　紫香楽宮への道

1　聖武天皇の行幸

藤原広嗣の乱

聖武天皇が近江国に紫香楽宮を造営するようになった遠因は、藤原広嗣《ふじわらのひろつぐ》の乱に求められている。

藤原不比等《ふひと》の死後、政府首班となった長屋王《ながやおう》を自殺に追い込み、政権の安泰をはかった藤原四兄弟（武智麻呂《むちまろ》、房前《ふささき》、宇合《うまかい》、麻呂《まろ》）は、七三七年（天平九）、天然痘の大流行で相ついで亡くなった。藤原氏にかわって政権を掌握したのは反藤原政策を色濃く打ち出した橘諸兄《たちばなのもろえ》であった。

七四〇年（天平一二）八月二九日、宇合の長男の大宰少弐《だざいのしょうに》藤原広嗣から聖武天皇のもとへ上表文が届いた。それには、災害や異変のことを記し、右大臣の橘諸兄が僧正の玄昉《げんぼう》と右衛士督《うえじのかみ》

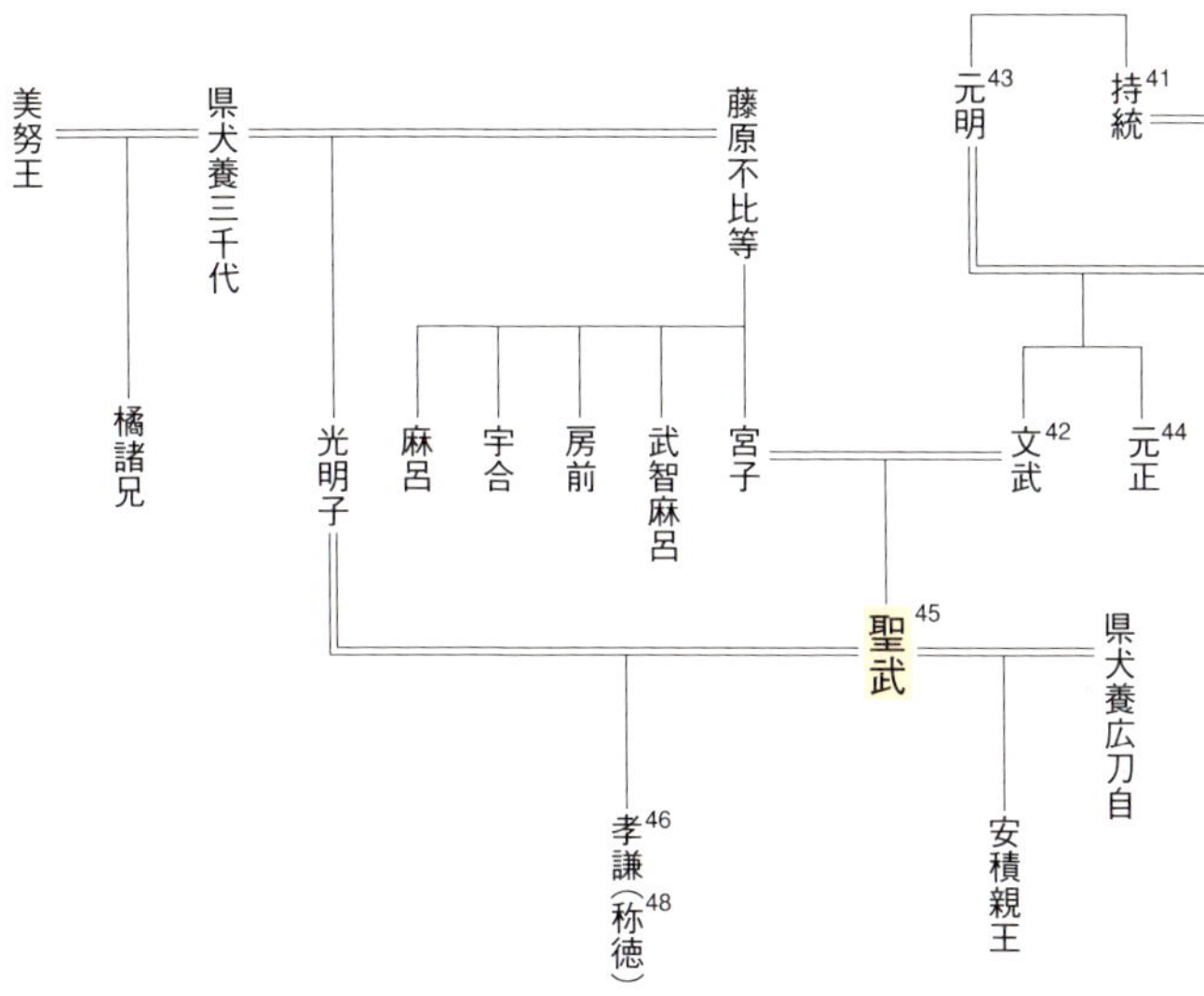

図10 ● 聖武天皇関係略系図

七〇一	大宝元	首皇子（後の聖武天皇）生まれる。
七〇七	慶雲四	文武天皇没。首皇子の祖母即位（元明天皇）。
七一四	和銅七	首皇子、立太子。
七一五	霊亀元	元明天皇譲位、首皇子の伯母即位（元正天皇）。
七二〇	養老四	藤原不比等没。
七二一	五	元明天皇没。
七二四	神亀元	元正天皇譲位、首皇子即位（聖武天皇）。
七二九	天平元	長屋王、自殺に追い込まれる。藤原光明子、皇后となる。
七三七	九	天然痘が大流行し、藤原四兄弟没。
七四〇	一二	藤原広嗣の乱起こり、天皇、東国へ行幸。
七四一	一三	恭仁京遷都。諸国に国分寺・国分尼寺造営の詔をだす。
七四三	一五	盧舎那仏造立の詔をだす。
七四四	一六	安積親王没。難波京遷都。
七四五	一七	一月、紫香楽宮に遷都。五月、平城京へ還都。
七四七	一九	東大寺大仏の鋳造を始める。
七四八	二〇	元正太上天皇没。
七四九	天平勝宝元	行基没。聖武天皇譲位、阿倍内親王即位（孝謙天皇）。
七五二	四	東大寺盧舎那仏の開眼供養。
七五四	六	唐僧鑑真来朝。
七五六	八	聖武太上天皇没。

図11 ● 聖武天皇関係略年表

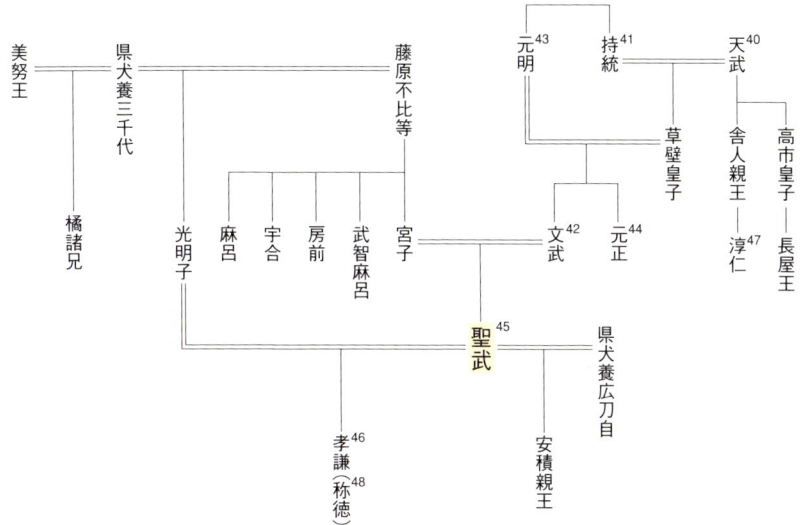

の下道《しもつみちの》（吉備）真備《まきび》を補佐役に任じていることが要因であるとして、追放するように言上していた。しかも、それに対する回答が届く前の九月三日、広嗣は大宰府管内で乱を起こした。

天皇は、すばやく対応し、蝦夷《えみし》との戦いに通じた大野東人《おおののあずまひと》を大将軍に任じ、東海、東山、山陰、山陽、南海の五道から一万七〇〇〇人の兵を徴発して広嗣を討たせた。この戦いは、大宰府管内の豊前国、筑前国を中心に展開した。

このような戦況のさなかの一〇月二六日、聖武天皇は突然、戦地にいる大将軍の大野東人らに、

朕意《われおも》ふ所有るに縁《よ》りて、今月の末暫《しばら》く関東に往《ゆ》かむ。その時に非《あら》ずと雖《いえども》、事已《や》むこと能《あた》はず。

と、東国に行幸する旨の勅を送った。

二九日には、平城京から伊賀を経由し、伊勢に向かった（図12）。伊勢の河口頓宮《かわぐちのかりみや》（関宮《せきのみや》）

図 12 ● 聖武天皇の東国への行幸経路

に滞在中の一一月三日、広嗣が肥前国松浦《まつら》郡で捕えられ、続いて処刑された連絡が入った。これで、聖武天皇の東国への行幸の目的は終わったかのように思われた。

しかし、天皇は関宮から再び赤坂頓宮、朝明《あさけ》郡、石占頓宮《いしうらのかりみや》を経て北上し、当芸《たぎ》（伎）郡を通過した後、不破頓宮《ふわのかりみや》を訪れた。ここで藤原仲麻呂《なかまろ》ら騎兵隊を解除して平城京に帰還させた。これは、危機的な状況が終わったことを示すものと理解される。

禾津頓宮

一二月六日、天皇は西の近江路に向かい、坂田郡の横川《よかわ》から犬上郡、蒲生《がもう》郡、野洲郡を経由し、勢多川を越えた。そして、禾津頓宮《あわづのかりみや》に滞在した。この禾津頓宮は大津の石山の北にあたる粟津の地域に営まれたものと想定され、この頓宮に関連するとみなされる遺構が二〇〇二年夏、大津市膳所《ぜぜ》城下町遺跡で検出された（図13）。

見つかった建物は、桁行七間（二〇・八メートル）、梁行四間（一一・九メートル）で、北と南に庇をもつ大形の東西棟掘立柱建物である。柱穴は方形で、一辺が二メートル近く、建替

図13 ● **禾津頓宮**（膳所城下町遺跡）
一辺が2m大、方形で大形の柱穴をもつ東西棟建物。

えが見られないことと、現在の粟津に近いことなどから、聖武天皇が宿泊した禾津頓宮の可能性がきわめて高いものとみなされている。この大形建物のほかには、少し北に離れた位置に、八世紀後半の桁行七間、梁行二間の南北棟建物、その北と東北部で八世紀後半の溝二条が検出されているだけである。

頓宮の調査例としては、時期は少しさかのぼるが、愛媛県松山市久米官衙遺跡群で大規模な七世紀後半の遺構が検出されている。これは、一辺が一〇〇メートル規模の方形にかこまれた掘立柱式による回廊がめぐらされており、その内部の建物配置はまだ判明していないが、大形の中心建物が配されたとみなされ、六六一年（斉明七）に斉明天皇が九州に赴く際に逗留した石湯頓宮《いわゆのかりみや》に想定されている。

また、奈良時代のものでは、大阪府柏原市青谷《あおたに》廃寺で基壇をもつ東西建物を中心に、その北と西にも瓦葺き建物を配した遺構が見つかっている。これは『続日本紀』養老元年（七一七）二月一九日条などに記された竹原《たかはら》井《い》離宮《りきゅう》とみなされている。

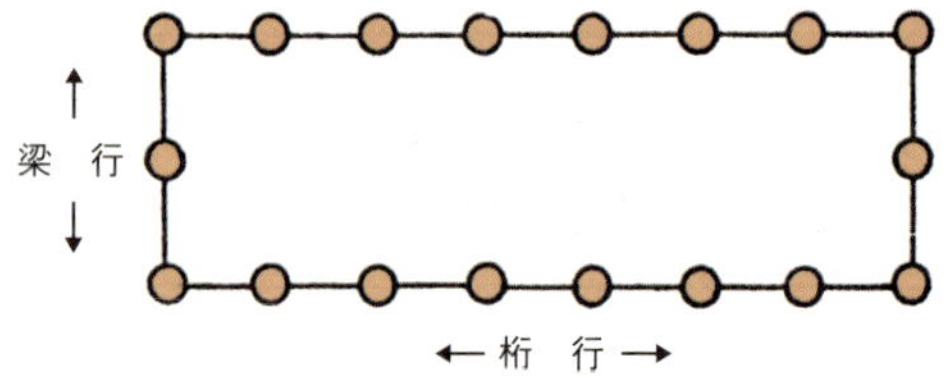

図14 ● 桁行、梁行の模式図

志賀山寺への参拝と大津宮

禾津頓宮に宿泊した翌日、天皇は琵琶湖の西岸の山中にある志賀山寺《しがやまでら》を崇拝した。この寺院は崇福寺《すうふくじ》ともいい、天智天皇が大津に遷都した翌年（六六八）、滋賀里の山中に勅願した寺院で、『扶《ふ》桑略記《そうりゃっき》』に縁起が記されている。現在、この寺院は際川《さいかわ》の上流の山麓の三つの尾根上に伽藍の礎石がよく残っており、南尾根に金堂と講堂、中尾根に小金堂と塔、北尾根に弥勒堂の遺構がある（図16）。これらのうち、中尾根の塔心礎に舎利容器が遺存し、この舎利容器の銅の外函の脚部に施された装飾、格狭間《こうざま》の様式から、崇福寺ではなく梵釈寺ではないかという「崇福寺、梵釈寺《ぼんしゃくじ》論争」が起こったことはよく知られている。

今日では、南尾根の金堂に配された礎石の上面中央部に突出した円形の出ほぞ（図15）があり、平安時代の礎石の様式とみなされるので、南尾根の金堂と講堂は桓武天皇によって建立された梵釈寺とされ、中尾根と北尾根の伽藍が崇福寺に想定されている。聖武天皇は中尾根の小金堂で阿弥陀仏、金堂で弥勒仏、まだ見つかっていないが講堂で薬師仏を崇拝したものと推測される。また、『続日本紀』には記されていな

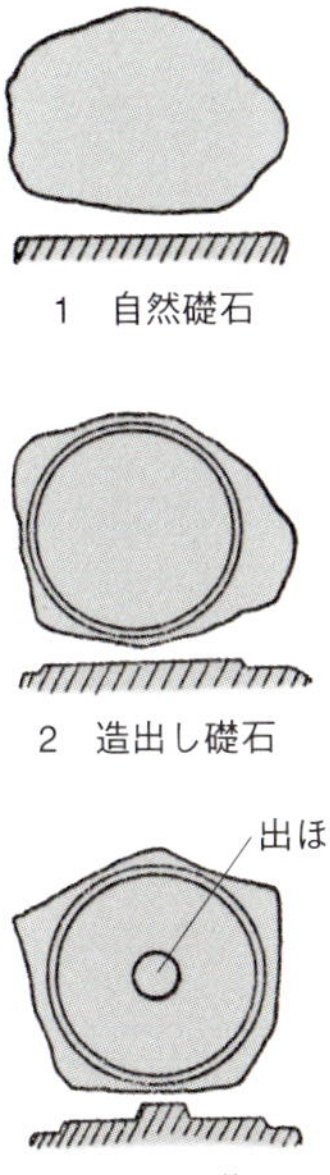

図15 ● **礎石の様式**
2は7世紀、3は8世紀以降の様式（1はどの時代にもある様式）。

図16 ● **崇福寺の弥勒堂跡**（西から）
森閑とした山中の尾根に金堂として建てられた弥勒堂。

いが、この志賀山寺の往復路のいずれかで、天皇は錦織《にしごり》にあった大津宮の廃墟をも訪れたであろう。平城京から東国の伊勢、美濃、近江路をたどった聖武天皇の行幸コースは、天武天皇（大海人皇子）が壬申《じんしん》の乱の際にたどったコースとほぼ一致する。

天武天皇のたどった壬申の乱のコースを、聖武天皇もみずから確認するのが行幸の目的であったとする見解がだされている。そのように想定すると、志賀山寺よりも、むしろ大津宮の廃墟を訪れることに主要な意図があった可能性が高い。

その後、天皇は禾津頓宮から山背国の玉井頓宮《たまのいのかりみや》を経て、一二月一五日、木津川河畔の恭仁郷《くに》を訪れ、不破頓宮を出発する際に諸兄が先発して造営していた恭仁宮の建物に入った。そして天皇はここにとどまり、恭仁宮・京の大造営がおこなわれたのである。

2　恭仁京への遷都

恭仁京遷都

翌七四一年（天平一三年）元日、聖武天皇は恭仁宮で初めて朝賀を受け、一一日には、伊勢大神宮と七道の諸神社に使者を派遣して幣帛《へいはく》を奉り、平城京から恭仁京に遷都したことを報告させた。

太政官符によると、二月一四日には国分寺・国分尼寺造営の詔がだされた。全国に命じて、良い場所を選んで七重塔一基を造営させ、あわせて金光明最勝王経《こんこうみょうさいしょうおうきょう》と妙法蓮華教《みょうほうれんげきょう》を一揃いずつ書写させた。そして国分寺と国分尼寺を造営させ、僧寺には僧二〇人を住まわせ、寺の名を金光明四天王護国之寺とし、尼寺には尼一〇人を住まわせ、寺の名は法華滅罪之寺とせよとした。

三月一五日、天皇は大和国司の大野東人と兵部卿の藤原豊成《とよなり》に詔して、五位以上の官人が平城京に留まることを禁止した。事情があって平城京の宅に戻らなければならないときは、太政官の許可を受けるようにさせ、平城京にいる者は全員、恭仁京へ移るようにさせた。これで平城京は廃都同然となったのである。

恭仁宮の規模

恭仁宮は、足利健亮によって平城宮

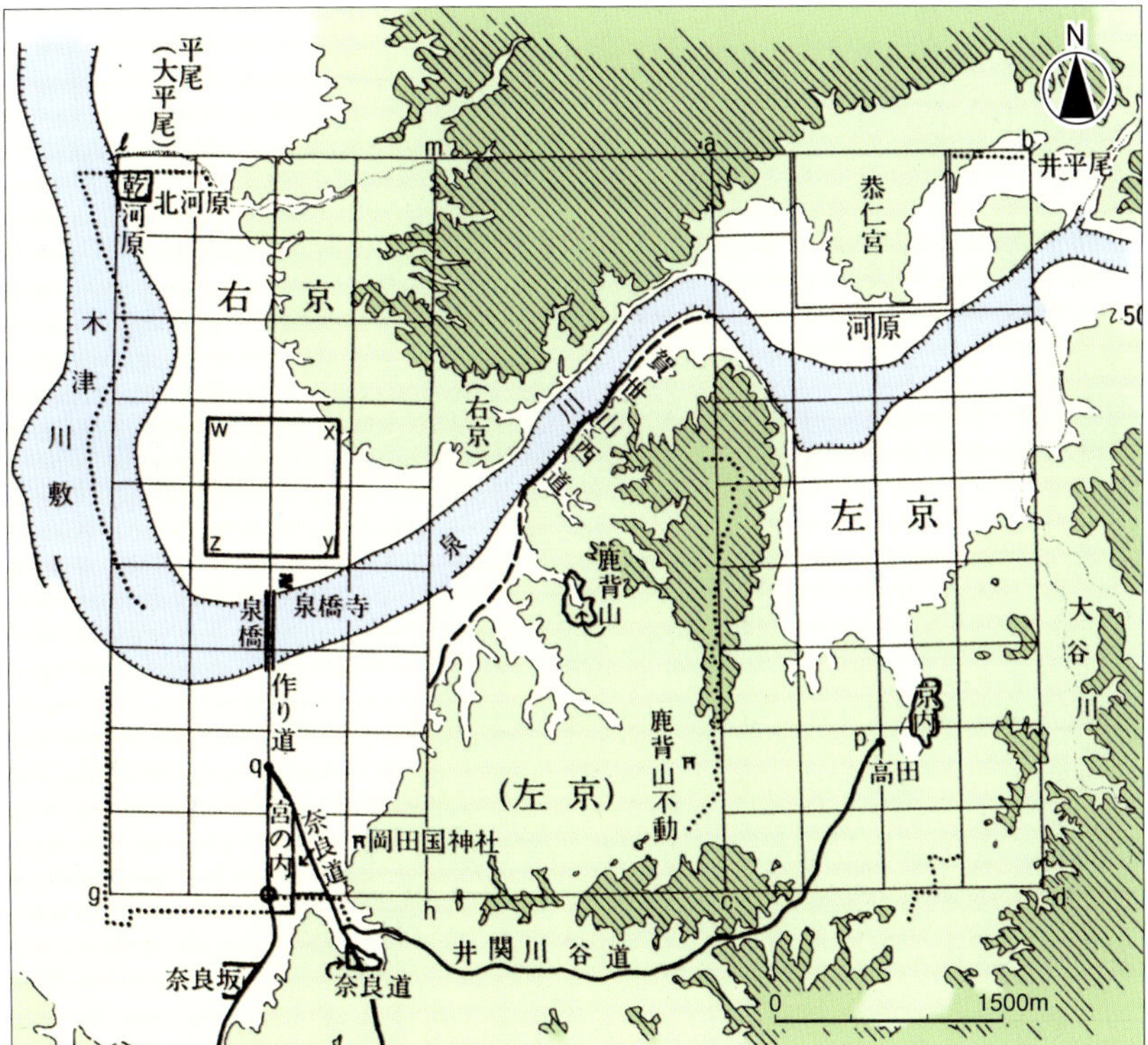

図17 ● 恭仁京復原図
小字名に恭仁京の名残がある。

と同規模のものが京都府加茂町の木津川北岸に遺存する地割によって復原されている。また、恭仁京も足利健亮によって、賀世山西道《かせやまのにしみち》を境に左京、右京とし、平城京の外京《げきょう》を除く空間が地割や小字を詳細に検討することによって同規模に復原されている（図17）。

その後、恭仁宮の発掘調査は一九七四年から継続しておこなわれるようになり、大極殿、朝堂院の規模、朝集殿院の規模、内裏東地区、内裏西地区の規模と建物配置などが明らかになった（図19）。そして、内裏東地区では中心建物として四面庇をもつ大形の前殿、後殿を配し、西地区では両面庇をもつ東西棟建物が中心建物として構築されていることが判明している。これらの二つの内裏地区は、その位置、規模からみて区画する空間規模の大きな東地区が聖武天皇、空間が狭い西地区が元正太上天皇《げんしょうだじょうてんのう》が居所とした可能性が高い。

さらに、注目すべきことに大垣や宮城門の一部

図18 ● **恭仁宮の大極殿**
手前の石標から、遠方の石標を超える規模の超大な大極殿跡。

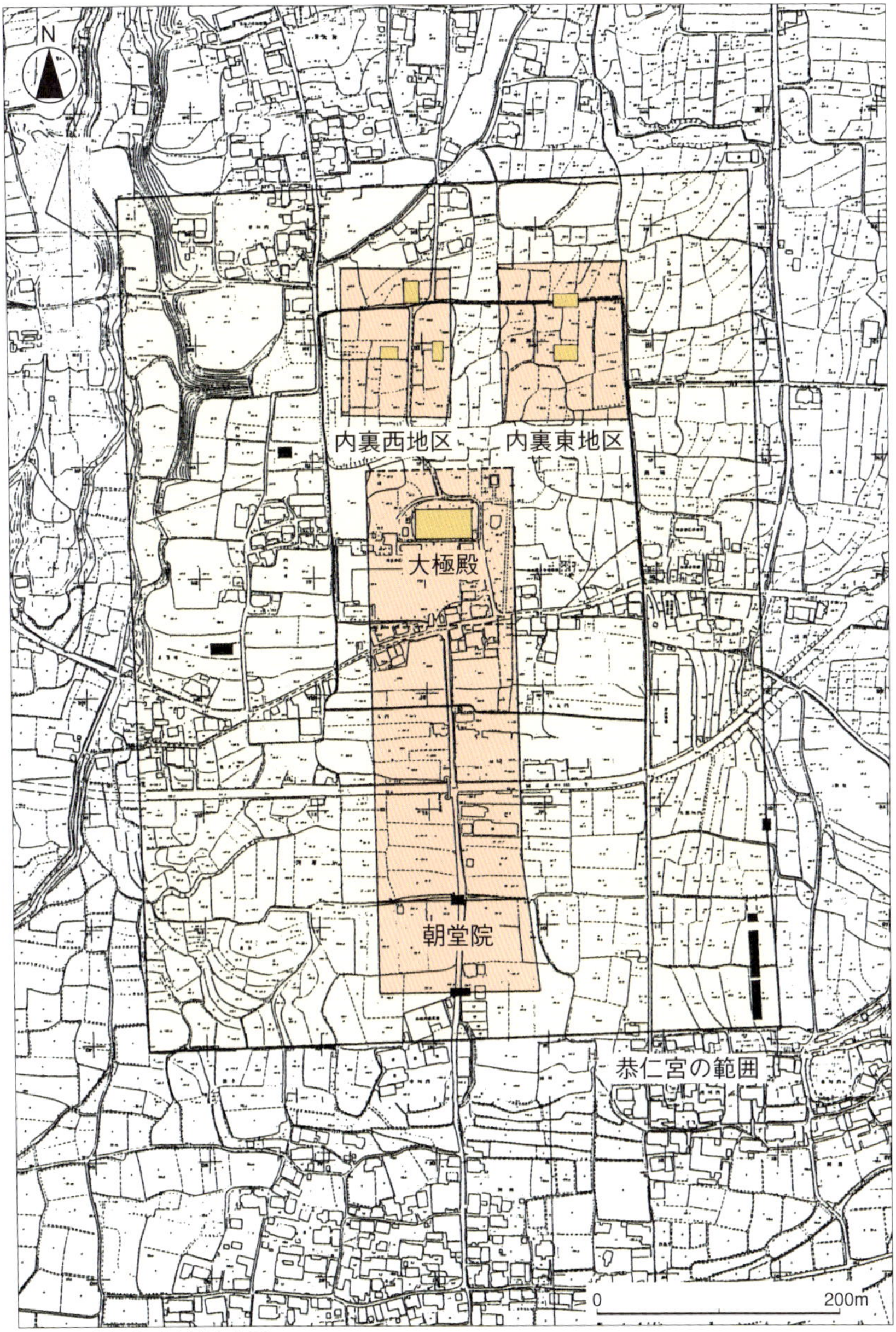

図19 ● 恭仁宮（宮城全体図）
宮城が平城宮より狭く、朝堂院の東南隅が広がる。

（東門）が検出され、恭仁宮の規模は東西約五六〇メートル、南北約七五〇メートルで長方形をなすことが明らかになった。

これは、平城宮から大極殿を移し、朝堂院の規模もほぼ同規模に造営しながら、宮域の規模は、平城宮の東院を除く敷地の四十数パーセントの空間にすぎないものであった。

このように恭仁宮の規模が平城宮に比して小規模に造営されていることは、恭仁京の規模も平城京と同規模のものが造営されたとみなすのは難しいであろう。

このことは、恭仁宮・京の造営は、平城京から遷都はしているが、当初から「複都《ふくと》」として、後で述べる難波宮《なにわのみや》・京と同様の性格をもつ「陪都《ばいと》」として造営された都城であった可能性がきわめて高いことを示している。

恭仁京から東北道を開く

七四二年（天平一四）二月五日、恭仁京から近江の甲賀郡に東北道が開かれた（図20）。恭仁宮・京の大造営工事がおこなわれているさなかのことである。これは、近江の甲賀郡から恭仁京での造営に必要とする建築資材などの調達をはかったことも想定されるが、その真の意図は別のところにあった。

八月一一日、聖武天皇は恭仁宮・京の造営にあたる造宮卿《ぞうぐうきょう》の智努《ちぬの》王《おおきみ》、造宮輔《ぞうぐうすけ》の高岡《たかおかの》連《むらじ》河内《こう》ら四人に紫香楽村に離宮を造営するよう命じた。これによって、東北道を造った主要な意図は、紫香楽村に離宮を造営することであったことがわかる。そして八月二七日、聖武天皇は紫香楽村に行幸した。

新たに設けられた東北道は、恭仁京の東北隅からでて、東北へ向かう山越えの道で、現在の加茂町口畑《くちはた》から和束《わづか》町奥畑、石寺を経て、和束谷を下り、白晒《しらす》にある安積《あさか》親王墓の付近を抜け、和束川沿いにでる。さらに原山《はらやま》、湯船《ゆふね》を経由して信楽町の朝宮《あさみや》、中野《なかの》、柞原《ほそはら》、勅旨《ちょくし》を通り、大戸川沿いに北上して紫香楽の離宮に着いたものと推測される。

これらのコースのうち、和束町湯船と信楽町中野を結ぶ道は、朝宮を経由せずに、湯船から杉山を通るルートもある。しかし、このコースは途中に険しい崖の間を抜けるので、和束川の北岸にあたる起伏の少ない丘陵上を通ったものと推測されている。

以上のようなコースの道を歩いてみると、恭仁京の近くは緩やかに傾斜する道が続き、途中の和束川沿いでは、清流を眺めながら歩くことになる（図21）。現在でも大きな集落がほとんどないので、聖武天皇が行幸した際には未開の山野を眺めながら進んだものと思われる。しかし、大戸川流域には、信楽町勅旨に勅旨古墳群が築造されているので、その後の奈良時代にも、小規模ながらこの山間の小盆地には集落がいくつかあったものと推測される。『続日本紀』が紫香楽村と記すように、まったくの未開地ではなかった。

図20 ● 恭仁京から紫香楽村への東北道
恭仁京の東からでる30余kmの山間の道。

大仏造立の詔

続いて、聖武天皇は一二月二九日に紫香楽の離宮に行幸し、さらに翌年の七四三年（天平一五）四月三日、さらに七月二六日にも行幸した。この七月の行幸は、五月に左大臣となった諸兄を恭仁宮の留守官に任じて出立したことからすると、長逗留を想定したものであったとみてよい。そして、一〇月一五日、聖武天皇によって盧舎那仏造立《るしゃなぶつぞうりゅう》の詔がだされたのである。

この詔には「盧舎那仏の金銅仏一体を造る。これは国中の銅をすべて費やしてでも銅の仏を鋳造し、大きな山を削って堂を建設する。天下の富と権勢をもつ天皇が盧舎那仏を造るのは容易なことだ。しかし、それでは民衆が苦労するだけなので、この大事業は民衆の知識《ちしき》によって造ることにする」ということが述べられている。

「知識」とは信徒集団やその寄進のことだが、これについては第4章で説明しよう。

翌日の一六日には、先にふれたように東海、東山、

図21 ● 東北道を歩く
尾根道を通る東北道を検証する人たち。
景観のよさに疲れを忘れる。

北陸三道の二五国の調庸などの諸物資を紫香楽宮に貢納させた。一九日には、大仏を造るために甲賀寺の寺地を初めて開いた。そして行基《ぎょうき》とその弟子たちによる集団が、この大事業の中心となったのである。

なぜ行基が弟子たちと共に大仏造立の大事業に参画することとなったのかも、第4章で述べよう。

恭仁京遷都の要因と瀧川説

聖武天皇が七四〇年（天平一二）一〇月二九日に平城京から東国へ出立した後、多岐にわたる造営があいついで起こっている。これらは大まかにみると、恭仁宮・恭仁京の造営、東北道の開通と離宮の紫香楽宮の造営、大仏造立と甲賀寺の造営、難波遷都に関連する造営、さらに紫香楽宮の大造営である。しかも、この間の七四一年（天平一三）二月一四日には、諸国に国分寺、国分尼寺の造営が命じられている。

このような聖武天皇の彷徨にともなう一連の造営は、広嗣の乱が起こった後に進められたことであった。それだけに、これまでの研究では、広嗣の乱との関連を求める説、あるいは七三七年（天平九）に天然痘の大流行によって平城京が汚染されたことに要因を求める説など多くの説がだされてきている。それぞれの説には、それなりの聞くべき点も少なくないが、恭仁京遷都の要因をより具体性をもって論じている説として、瀧川政次郎《たきがわまさじろう》の論に特に注目される点が多いように思われる。

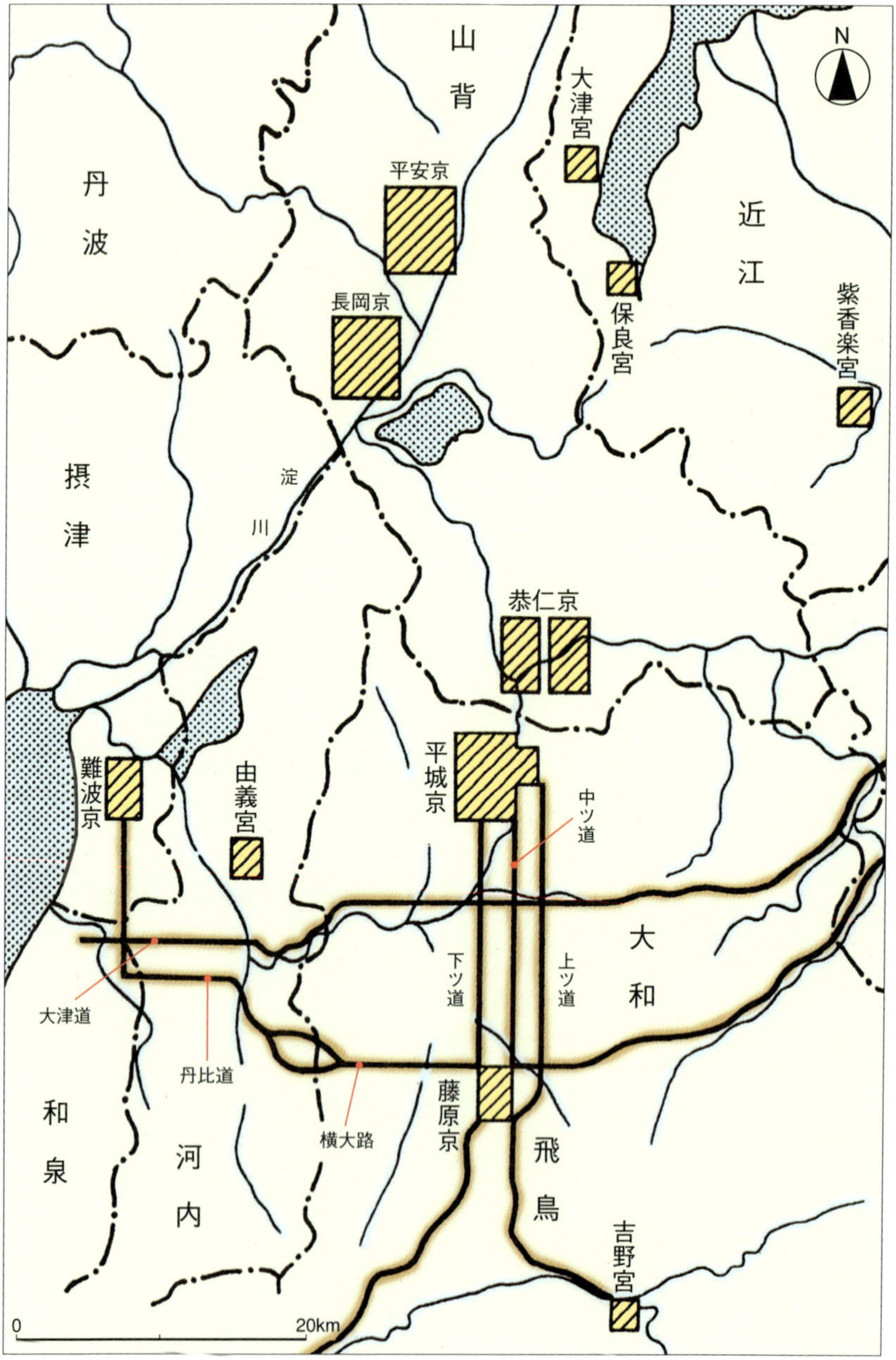

図 22 ● 古代の宮都（藤原京は岸俊男説による）
7 世紀に飛鳥にあった宮都は、8 世紀に大和北部へ、8 世紀末には山背へと遷都した。

瀧川は、恭仁宮・京の造営は、中国の唐が複都制として長安《ちょうあん》、洛陽《らくよう》、太原《たいげん》の三都制がおこなわれていたことを模したものと理解する。そして、唐の洛陽城が京の中央を洛水《らくすい》（洛河）が東流し、その北岸に宮城を配した（図56）ことを重視し、恭仁京も幅広い大河の木津川《きづがわ》（泉川《いずみがわ》）が京域の中央部を東から西へ流れることに強い共通性をもって造営されたものとみなした。

このように唐の三都制をもとに、日本でも平城京、難波京、恭仁京による三都制をおこなうことを構想したとする説は、恭仁京、難波京遷都の背景のみでなく、紫香楽宮の造営と大仏造立をおこなった要因とも深く関連しており、じつに興味深い説である。

3　難波京への遷都

難波京とは

難波宮・京は、天武天皇が六八三年（天武一二）に複都制を提起して造営を開始し、陪都として完成したものであった。その後、六八六年（朱鳥元）正月に大蔵からの失火で全焼した。

図23 ● 唐の三都
西都の長安、東都の洛陽、北都の太原。

この難波宮の再興を、聖武天皇は即位してまもない七二六年（神亀三）一〇月、藤原宇合を知《ち》造難波宮事《ぞうなにわぐうじ》に任命して宮・京の造営に着手した。

宇合が従三位で、造宮を担うのが五位相当官の職掌であったことからすると、聖武天皇が難波宮・京の造営を重視した意気込みがよくわかる。これは、中国と同様に複都制とすることに意図があったと思われるが、それだけではなく、聖武天皇が天武天皇の直系の男子であることを直接的に示すためにおこなったとする説もだされている。この難波宮・京の再興によって、難波の地域が復興することになったことは、宇合が詠った『万葉集』に収録された歌、

昔こそ　難波ゐなかと　言はれけめ　今は都引き　都びにけり　（巻三―三一二）

にも、よくあらわれている。

難波京には難波津があり、瀬戸内海沿岸から多量の諸物資が集中し、卓越した経済的な機能をもつ都市であった。しかし、当時の難波京も、自律的な発展は、ほかにそのような都市が存在しないように、おのずと経済都市としての発展には限界があったとみてよい。

しかも、この難波宮・京の大造営は、政府による強制的な雇役《こえき》によって進められ、平城京の造営の場合と同様に、多くの役民《えきみん》が病気になったり死亡したりして多大な社会問題を再生産することになった。

このようにして造営された難波京と大和の平城京との間には、生駒山地が障壁のように占めており、難波京でも官人たちに宅地の班給がおこなわれたが、二つの都城は直接的には容易につながりにくい側面が内在するものであった。

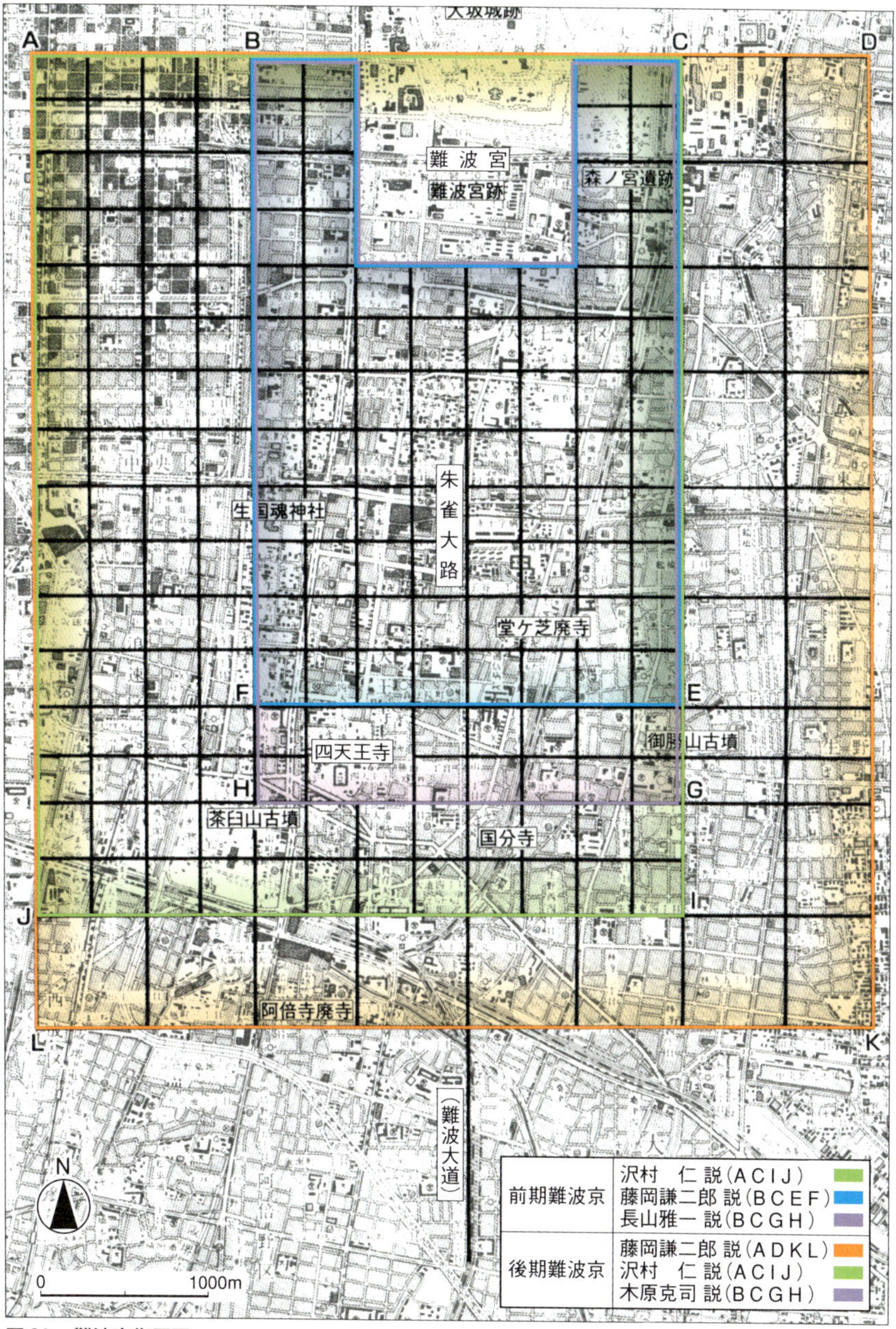

図 24 ● 難波京復原図
前期は孝徳朝、後期は聖武朝。ただし前期には、京がないとする説が有力。

そこで、難波京の都城が成立後、聖武天皇は唐の三都制を模して、新たに恭仁宮・京を木津川の河畔に造営することを計画したものと推測される。これは、恭仁京内を木津川が貫流し、難波京が淀川の河口に位置することからみて、きわめて強いつながりをもちうる都城であったとみてよい。

難波宮行幸

さて七四四年(天平一六)閏正月一日、聖武天皇は三年前から都としている恭仁京と、以前より再興をはかっていた難波京のいずれを都とするのがよいかを、官人たちや恭仁京の市人に意見聴取をおこなった。

恭仁京がよいと述べた者は、五位以上が二四人、六位以下が一五七人、難波京がよいと述べた者は、五位以上が二三人、六位以下が一三〇人だった。恭仁京の市人はみな恭仁京を願ったが、難波京を望む者が一人、平城京を望む者が一人いた。

このように、例のない二つの都に対する意見聴取がお

図 25 ● 後期難波宮の大極殿跡
聖武朝の大極殿を遠望する。大阪歴史博物館から。

こなわれた。しかも、結果からすると、難波京を望む者が多いとはいえないにもかかわらず、天皇は一一日に藤原仲麻呂を留守官に任命して難波宮へ行幸した。先の意見聴取は、難波京を望まない官人の員数を把握することに意図があったとみられる。

天皇が難波に行幸したその日、安積《あさか》親王が脚の病気で桜井頓宮《さくらいのかりみや》から恭仁京に戻った。しかも、二日後に、一七歳の若さで没した。安積親王は聖武天皇と県犬養宿禰《あがたいぬかいのすくね》唐《もろこし》の女で夫人《ぶにん》の広刀自《ひろとじ》の間に生まれた皇子であった。

難波京遷都とその謎

安積親王の死にもかかわらず、二月一日に天皇は恭仁宮から内外の印、駅鈴を難波宮に移し、二月二〇日には高御座《たかみくら》も難波宮に運んだ。これによって、恭仁京から難波

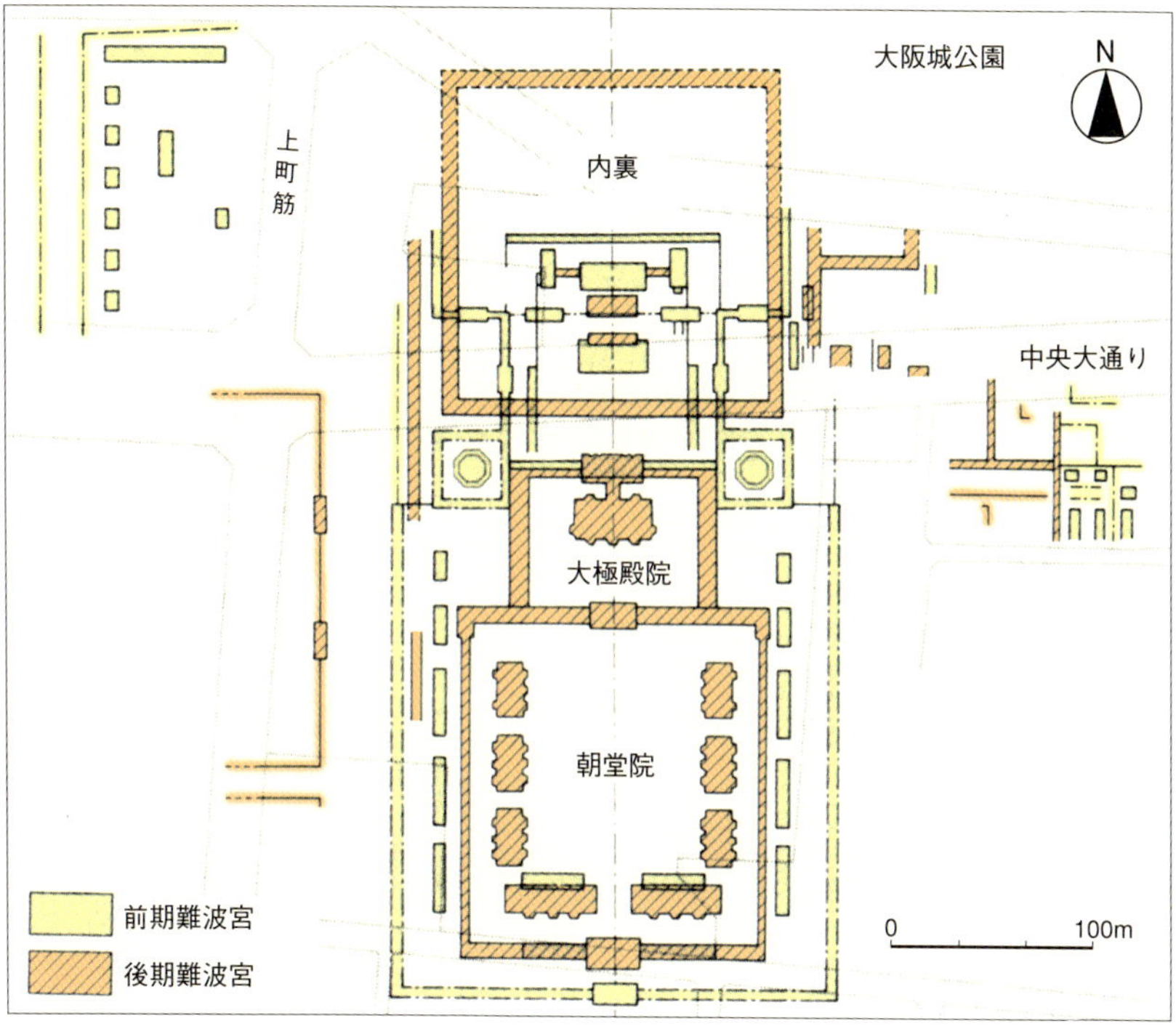

図26 ● 難波宮跡
前期、後期とも同一中軸線をもとに造営。

京への遷都の準備がすべて整うことになった。

そして、『続日本紀』天平一六年（七四四）二月二六日条では、難波遷都を宣したのに続いて、難波京と恭仁京の京戸《きょうこ》が二つの都を自由に往来するように記しているのも、平城京から恭仁京へ遷都したのとは異なり、新たな難波遷都の意図が反映しているものとみなされる。

しかし、難波遷都の勅がだされる二日前の二月二四日、天皇は摂津の三島を経由して、紫香楽宮に行幸した。このことは、じつに理解しにくいことであった。天皇不在のまま二日後に、左大臣の橘諸兄によって、難波遷都の勅が読まれたのである。

難波への遷都が計画的に進められながら、その直前に紫香楽宮に行幸し、天皇不在のままに難波宮で遷都の勅が読まれたのはなぜか。

4　紫香楽宮への遷都

難波遷都を宣する二日前に、聖武天皇が紫香楽宮へ行幸した理由を、直木孝次郎《なおきこうじろう》は難波遷都を不利とみる勢力が、遷都の直前に天皇を説得し、紫香楽宮に行幸することを促したことによるものとした。しかも、元正太上天皇と光明皇后との間に確執があったことを、その主要な要因とみなしている。

このほかに突然の行幸の背景に、藤原四兄弟の一人、武智麻呂の子である仲麻呂を中心とする藤原氏と橘諸兄との政争、あるいは元正太上天皇と聖武天皇との政権の分裂を想定する説もだされている。

しかし、この紫香楽宮へ行幸した主要な要因は、聖武天皇が紫香楽宮に行幸後に、どのようなことをおこなったかに求めるべきであろう。

紫香楽宮に遷《うつ》った天皇は、そのまま滞在し、紫香楽宮で大仏造立に関与した。『続日本紀』一一月一三日条には、大仏の体骨柱《たいこっちゅう》が建てられた際に、親しくその縄を引いたことが記されている。

また、一方で、難波宮から行幸して間もない四月から、本格的な紫香楽宮の大造営がはじめられていた。

翌年の七四五年（天平一七）正月一日、紫香楽宮の周囲にめぐらす大垣や塀は未完成だったので、幕の類をはりめぐらせ、宮門に大楯と槍を立てている。これによって、天皇は難波宮から紫香楽宮に遷都したことを明らかにしたものと理解される。

ついで七日、天皇は大安殿《だいあんでん》で五位以上の官人とともに宴を催した。また、官人のうち主典《さかん》以上の者を朝堂で饗応したことも記されており、紫香楽宮に朝堂が建てられていたことがわかる。

大安殿は内裏に構築された正殿の性格をもつ建物と理解すると、宮町遺跡に天皇の内裏空間が設けられていたことが想定される。また、出土した木簡の中に、「造大殿所」と記すものがあり（図36参照）、紫香楽宮に大殿と呼称する殿舎が構築されていたことも想定することができる。

そこで次章では、発掘によって、しだいに見えてきた紫香楽宮の姿を明らかにしよう。

第3章　よみがえる紫香楽宮

1　朝堂院の復原

宮町遺跡の調査

宮町遺跡は内裏野から北二キロのところにあり、北と東西は丘陵、南にも低い丘陵があり、西南に少し広がる小盆地である。西北と東北から狭い馬門川《まかどがわ》がV字状に流れて合流し、さらに南に流れる。

遺跡は、東西六〇〇メートル、南北五〇〇メートルほどの広がりがある（図27）。遺跡の北側が主に調査され、その中で大きく遺跡の中央北辺部、西北部、中央南半部、西南部から遺構が見つかっている（図28）。

中央北辺部は、西区と東区に分かれ、西区では桁行六間以上、梁行四間の四面に庇がつく大形の東西棟建物が建てられていた。この建物は第一三次調査で規模が判明したもので、四面に庇をつける大形の東西棟建物の性格をもち、中央北辺部に建てられていることから、調査時には大安殿を想定し、あわせてこの付近に内裏を想定したことがある。その後も、そのように断定しうる資料はえられていないが、宮町遺跡が紫香楽宮と深い関連をもつ遺跡であることをうかがわせた建物である。周辺には、他に関連する建物は見つかっていない。しかし、南側に東西溝や東西塀などが見つかっており、溝からは木簡が出土している。

東区では、北寄りに桁行七間、梁行四間の大形の四面に庇をもつ東西棟建物が建てられていた。

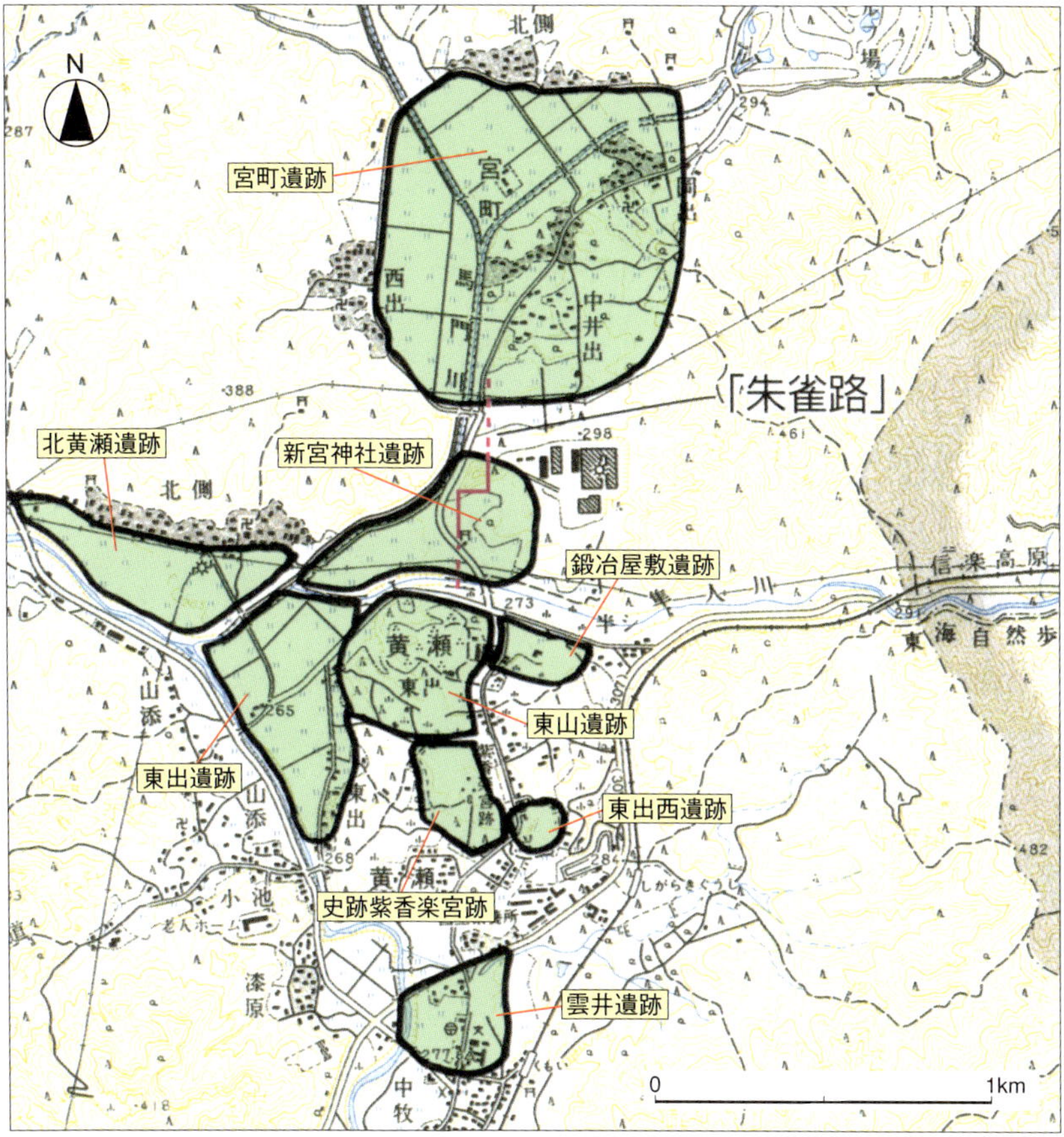

図27 ● 宮町遺跡と周辺の遺跡の分布

この建物も大形で、そのすぐ東南にも桁行五間、梁行四間の四面に庇をもつ東西棟建物、その南にも桁行四間、梁行二間の東西棟建物が見つかっている。ここでは西と東に南北方向の塀が検出されており、区画する空間を構成していたことが想定される。

また、西北部は、桁行四間、梁行二間の総柱建物、桁行二間、梁行二間の総柱建物などが検出され、その西側に南北方向の西大溝が流れている可能性が高い地区である。

さらに中央南半部は、二〇〇〇年に初めて調査された地区で、圃場整備をおこなう以前には、東西方向の大形の殿舎が構築されたことを想定しうる東西に長い長方形状の地割が残っており、早くから注目されてきた地区である。

朝堂の検出

ここには、南北棟建物が東西に対称に配されていることが明らかになった（図29）。二つの南北棟建

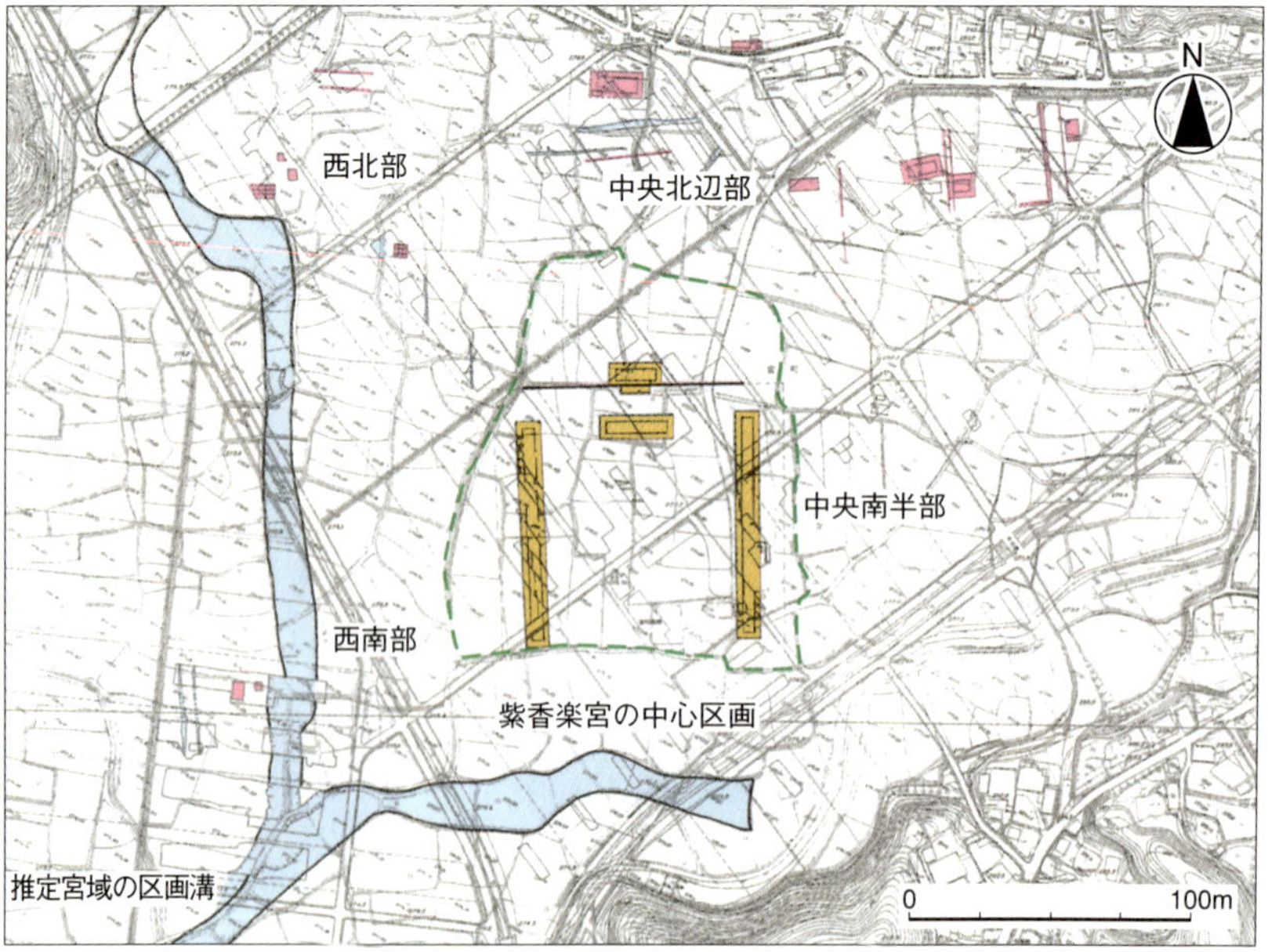

図 28 ● 宮町遺跡の遺構配置
中心区画の西に、西流、南流する大きな溝があり、宮域を画する。

物のうち、西側の建物は、桁行二四間以上、梁行四間の長大な建物で、一〇〇メートルを超えている（図30）。詳細は、これから検討する必要があるが、ほぼ一四尺（四・二メートル）の等しい柱間からなる長大な建物だけに、殿内は七間前後で壁によって仕切られ、四つに区分されていたものと推測される。

また対称の位置で検出された東の南北棟建物（図31）は、発掘された部分は桁行五間以上、梁行四間のものであるが、西の長大建物と同規模のものとみなされる。

このように想定しうるとすると、この朝堂は四棟分の南北建物を東西に配したものとなり、八堂分の空間をもつ南北棟建物の朝堂が、東西に対称に配されたことになる。これらの朝堂建物の堂内は、土間形式とみなされるが、藤原宮の調査では朝堂建物が床張りされていたことがわかっているので、その可能性もまったくは否定し難い。また、これらの建物は低い基壇上に建てられたと考えられる。基壇の外装に関連するものは見つかっていないが、近江国庁で検出されているような木製の基壇外装が施された可能性もある。

また、東西の朝堂である南北棟建物の北妻柱列に揃えて、桁行九間、梁行四間の四面庇をもつ大形の東西棟建

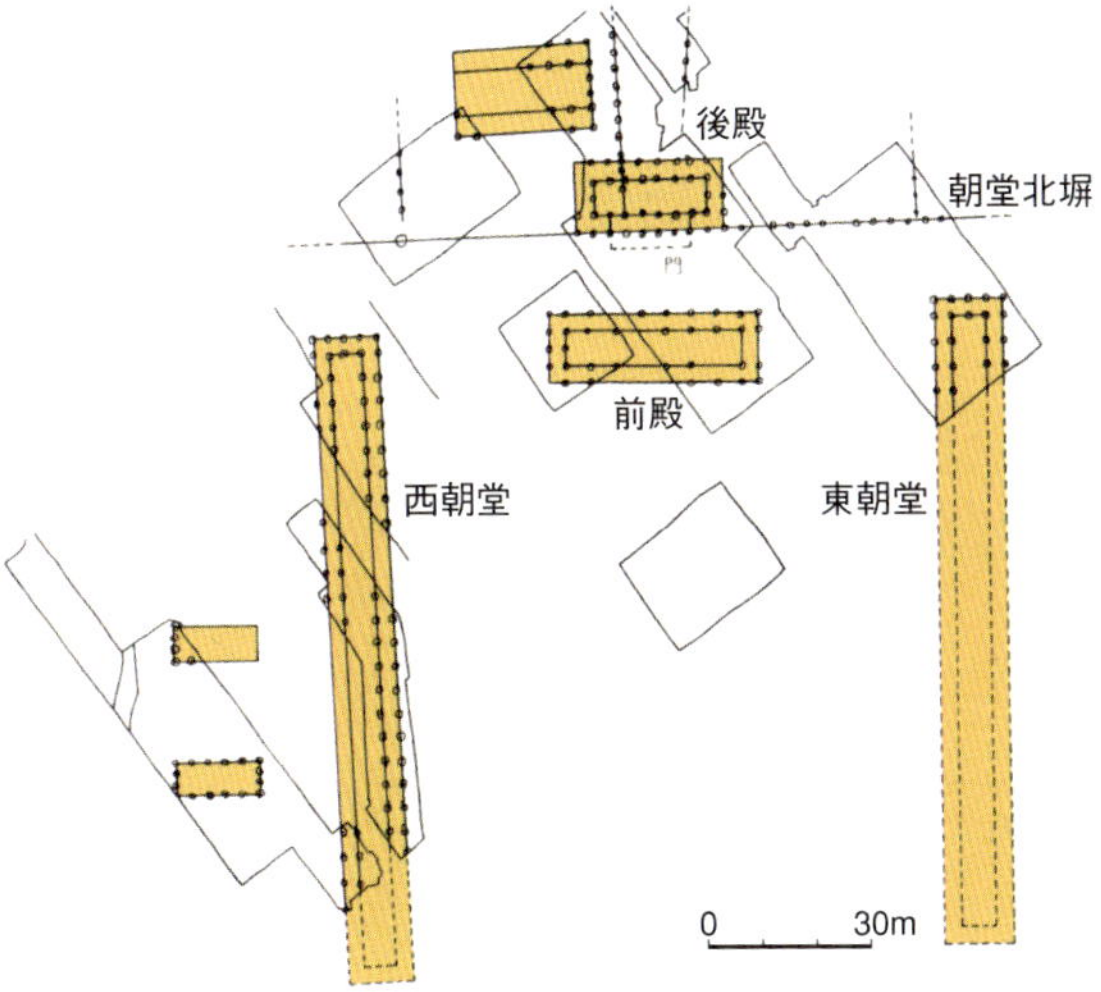

図 29 ● 中心区画の建物配置
100 ｍを超える朝堂と前殿の前に、広い朝庭がある。
重要な儀式がここでおこなわれた。

図 30 ● **西朝堂**
長大な西朝堂の検出状況を示す空中写真。南端は未検出 。上が北。

物が配されている。この前殿は、桁行の柱間が一五尺（四・五メートル）と広く建てられている。さらに、その北にも同一の中軸線上に桁行九間、梁行四間の四面庇をもつ大形の東西棟建物が構築されている。この後殿は柱間が一〇尺で、少し狭くなっている。

以上、東西の朝堂、前殿、後殿の四棟の建物は、いずれも梁行が四〇尺（一二メートル）で揃えて構築されている。しかし、後殿の東西棟建物は、後に桁行五間、梁行二間で東西に塀をともなう門に改修されている。北に門が設けられ、塀で仕切られていたとすると、これらの建物群は、長大な東朝堂、西朝堂と東西棟建物で空間を限る朝堂院をなしていたものと思われる。

また、この北門の西北には、桁行七間、梁行四間で南と北の両面庇をもつ東西棟建物が見つかっている。

朝堂院の構成

このように、二棟の長大な南北棟建物の間に北妻柱列を揃えて大形の東西建物が配され、ここに朝堂院が

図31 ● **東朝堂**（南から）
東朝堂の北端付近。桁行、梁行の柱間間隔とも西朝堂と共通。

構成されていることが判明したことになる。しかも、これらの建物配置は、平城宮、難波宮の朝堂院とは少し異なる建物配置をなしていた（図32）。

藤原宮から遷った直後の平城宮の朝堂院は、大極殿院の南に二棟の長大な朝堂が左右対称に配されていた。また第二次朝堂院は、南北棟の建物四棟、東西棟二棟を左右対称に配し、聖武天皇が難波宮の再興をはかった後期難波宮では、東西に四堂ずつを対称に八堂を配したことが知られている。これらの朝堂院の構成からすると、紫香楽宮の朝堂院は平城宮の第一次朝堂院の朝堂の配置に類似することになる。しかし、同一というわけではない。

さらに、類似する建物配置を求めると、一九九八年にほぼ全体が判明した平城宮の西方に配された西池宮《にしのいけのみや》の建物配置との関連も重視する必要がある（図33）。

この建物群は、東に東西に庇をもつ八七メートルに及ぶ長大な南北棟建物、西にも同規模の南北棟建物を対称に配し、この間の中央に桁行五間、梁行四間の両面庇をもつ東西棟建物、その北にも南北棟建物の北妻柱列に北側柱列を揃えた長

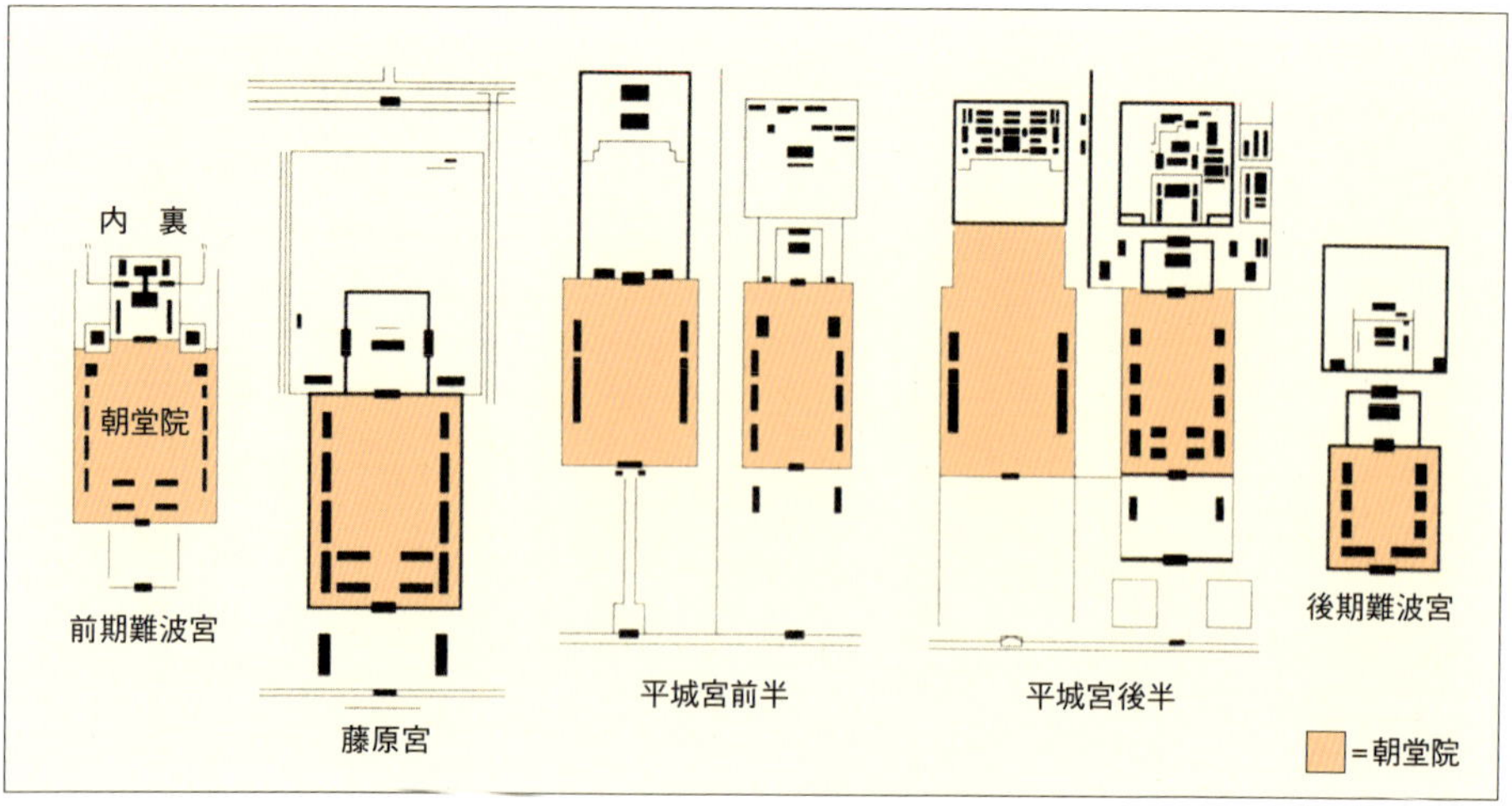

図 32 ● 朝堂院の変遷
朝堂院は藤原宮が最大で、奈良時代から縮小した。

大な東西棟建物を配したものである。これらの建物は築地《ついじ》で四辺がかこまれ、南築地の中央に門が開かれていた。これらの建物群の配置と見つかった位置から、『続日本紀』天平一〇年（七三八）七月七日条や『万葉集』巻八（一六五〇）に記されている饗宴《きょうえん》がおこなわれた西池（佐紀池）のほとりの西池宮に想定されている。

この西池宮の建物と類似する長大な南北棟建物が東西に対称に配置されていることは、離宮の性格をもつ西池宮との関連、もしくは共通する性格を強く反映したものであろう。

宮町遺跡に、紫香楽宮の朝堂をふくむ朝堂院が構成されていたとすると、その北に恭仁宮にみるような内裏空間が設けられていたものと推測される（図35参照）。しかし、これまで朝堂院の北で検出された建物は、朝堂院の北門のすぐ西北で検出された建物、遠く隔てた中央北辺部で検出された大形の四面庇つき東西棟建物のみで、まだ内裏とみなしうるような遺構は明らかでない。

また、中央北辺部では多量の木簡が出土しており、官衙が配されたことも想定されるが、まだ建物の性格を決定する材料に欠いている。

宮町遺跡で検出されている宮殿関連の建物は多くない。もし官衙（役所）が置かれていたとすると、どのように配されていたのか。さらに、紫

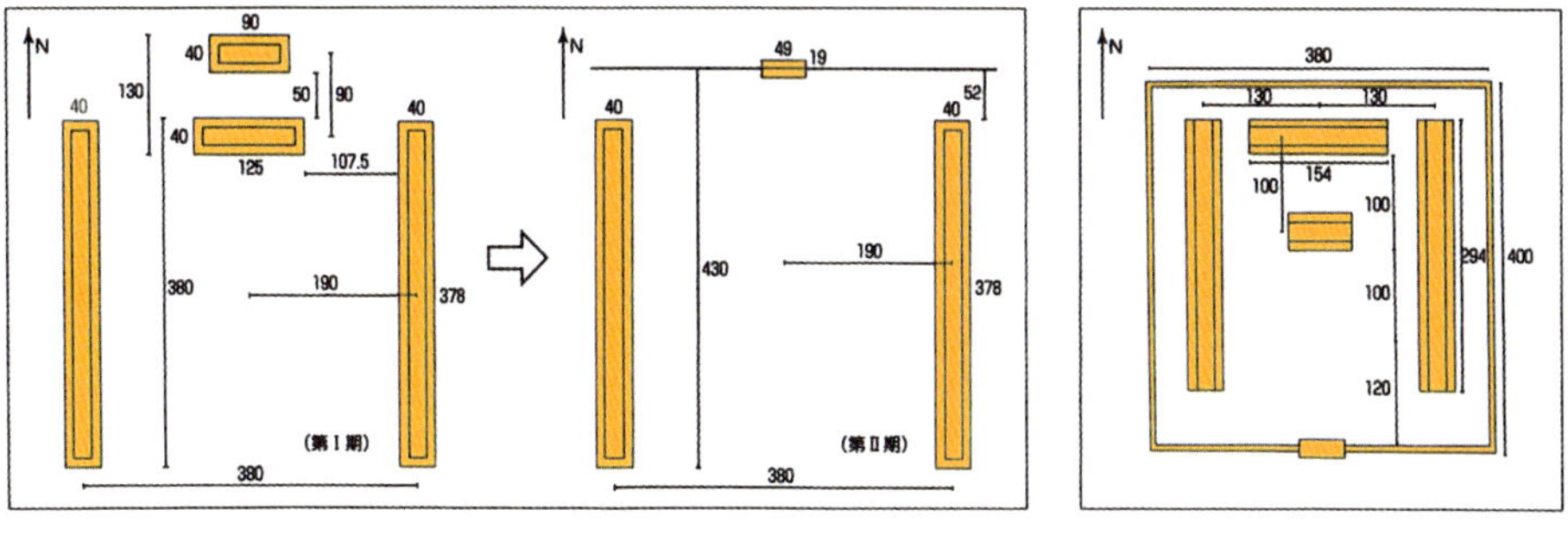

図33 ● **紫香楽宮の朝堂の変遷と平城宮の西池宮**（左：紫香楽宮、右：西池宮）
紫香楽宮の長大な朝堂配置と西池宮との比較。
（数字の単位は小尺。小尺＝約0.3m）

香楽宮の宮都の規模は。これからの調査によって解明すべき課題は山積みである。

このほか、宮町遺跡の西南部では、北から南へ流れる幅広い南北溝と東から西へ流れ込む東西溝が合流していることが判明している（図28）。これらの幅広い南北溝、東西溝から多量の木簡が出土している。

紫香楽宮の柱根

宮町遺跡の調査が、圃場整備中の水田から柱根が出土したことに始まったことは、前述した。このときに拾われた三本の柱根は直径が四〇～五〇センチもある太いもので、そのうち一本は、基部に筏《いかだ》を組むための「えつり穴」があけられ、樹皮も一部残っていた（図5）。一九八〇年に奈良国立文化財研究所が年輪年代を測定したところ、七四二年（天平一四）の秋から七四三年（天平一五）の冬に伐採されたものであることが判明した。

また、一九八八年の第六次調査で五本の柱根と一本

図 34 ● 東朝堂の想定復原図
朝堂の朝庭に面した側の庇は、吹き放しの可能性が高い。

図35 ● 紫香楽宮の想定復原図
図示された朝堂院以外の建物配置は、今後の調査によって解明すべき課題。

の角材が出土したほか、一九八九年の第七次調査でも柱根六本が出土している。これらの出土した柱根のうち、第六次調査の二本の柱根と角材、第七次調査で出土した四本の柱根の年輪年代の測定がおこなわれている。

その結果、第六次調査の五本の柱根では、樹皮を残す三本はいずれもヒノキで、七四二年（天平一四）が一本、七四三年（天平一五）が二本の結果がえられている。

以上のような年代のうち、七四二年（天平一四）は、『続日本紀』に恭仁京から東北道を開き、ついで紫香楽宮の離宮の造営を開始した年代と一致する。また、七四三年（天平一五）は、甲賀寺の造営が開始された年で、多量の建築資材が必要となった年であった。

このような大規模な造営の開始に関連して、多くの木材が伐採され、それらが紫香楽宮の建物や塀などの構築に供給されたことがわかる。また、基部に「えつり穴」を施すものは、周辺を流れる和束川や大戸川を利用して運び込んだものと推測されるものである。

2　木簡・土器の示すもの

紫香楽宮の木簡

宮町遺跡からは多量の木簡が出土している（図36）。これらの木簡は第四次調査で初めて出土し、その後は第一三・一六・一九・二〇・二三次調査で多量に出土している。

これらを出土した地区でみると、中央北辺部地区と西南部地区から特に多量に出土している。

北辺部地区西区では第四次調査で初めて木簡が出土し、その後も多く見つかっている。ここには大形建物の南に位置する東西溝や東南で検出された溝、さらに整地土から多くの木簡が出土している。また西南部地区では推定の西大溝と馬門川旧流の合流地付近から多量の木簡が集中して出土している。

これらの木簡のうち荷札に関連するもので、年紀を記したものとして、

①・駿河国駿河郡宇良郷戸主春日部小麻呂戸春日部若麻呂（図6）
・調荒堅魚七連一節　天平十三年十月

②・越前国江沼郡八田郷戸主江沼臣五百依戸口
・天□□五年十一月二日

③・美濃国武義郡楫可郷庸米□斗
・天平十五年十一月

④・隠岐国都麻郷鴨マ久々多利
・調昔一斗天平十五年

⑤・遠江国長下郡伊筑郷
・天平十六年七月□

の木簡がある。これらのうち、①は、調の荒堅魚の荷物に付けられたもので、駿河国の駿河郡の宇良郷《うらのごう》の春日部小麻呂を戸主とする戸の一員で、紫香楽宮の造営が開始される以前のもので、紫香楽宮の造営に関連して恭仁宮からもたらされたものとみなされる。①②③の東国からの木

簡は、『続日本紀』天平一五年（七四三）一〇月一六日条に、

東海、東山、北陸の三道二五国の今年の調庸物は、みな紫香楽宮に貢ぜせしむ。

と、前日の一五日に、紫香楽の地で盧遮那仏を造立する詔がだされたことから、紫香楽宮に運ばれたものである。⑤の遠江のものは天平一六年のものだが、盧遮那仏の造営が継続し、さらに紫香楽宮の造営もおこなわれていることから、紫香楽宮に貢納されたものとみなされる。また、④は隠岐国都麻郷《つまのごう》の荷札で、山陰道のものである。西国の調庸はそれまで恭仁宮に貢納されていたが、天平一五年で恭仁宮・京の造営工事が打ち切られたことから、東国のみでなく西国のものも紫香楽宮へ運ばれたことをうかがわせるものである。

また、王権に関連するものには、

⑥（合点）奈加王（図6）

⑦（合点）垂見□

⑧「造大殿所」（図36）

⑨「御炊殿食　宮主　□末□」

と記したものがある。⑥⑦には、照合した印《しるし》の合点《がってん》がつけられている。これは王名を先に列記し、それを用いて点検などをしたものとみなされる。「奈加王」は『続日本紀』天平宝字元年（七五七）五月二〇日条に、無位から従五位下を授けられた「奈賀王」にあたるものと想定される。その後、同七月三日条に讃岐守に任命された記事がある。また、「垂見王」も『続日本紀』天平勝宝三年（七五一）正月二七日条にみえる「垂水王」と同一とみなされ、この時に多

近江の木簡：浅井郡益田郷（右）、高嶋郡三邑郷（中）のもの。

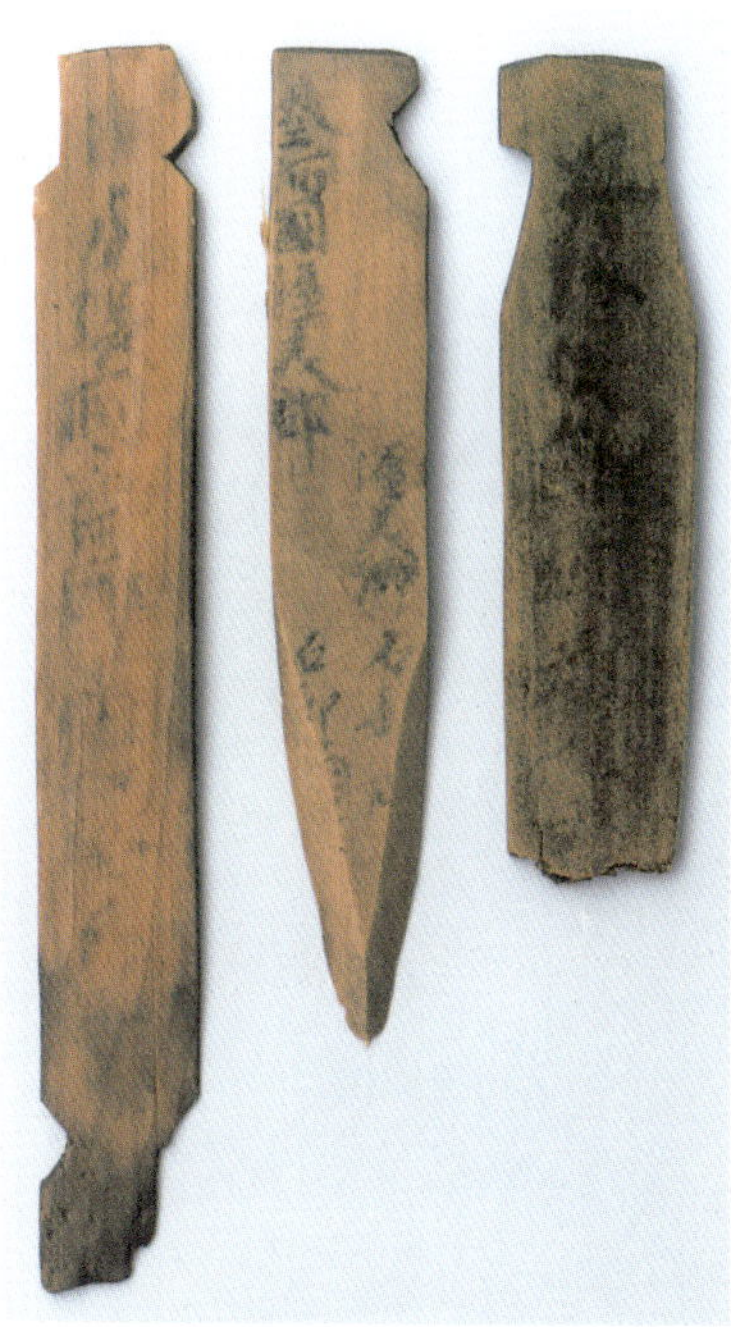

左から尾張、参河、丹後の木簡。

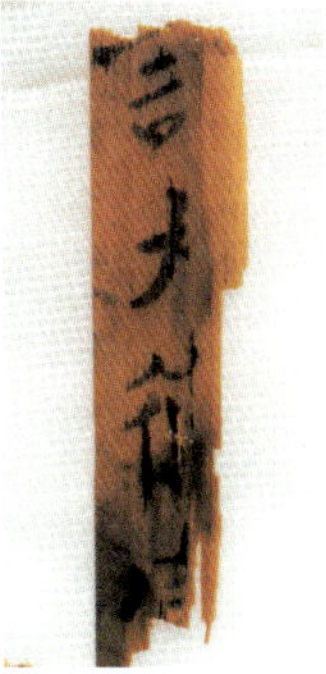

「請大徳」の木簡削屑。

「造大殿所」の木簡削屑。

「不得状事具注謹解」（左）、「中衛」（右）の木簡。

図36 ● 宮町遺跡出土の木簡
荷札のほか、役所で記された文書の断片が多い。

くの息子とともに、三嶋真人の氏姓をあたえらえている。
⑧の「造大殿所」は大殿の造営を担った部局であるが、七四二年（天平一四）八月に離宮の造営にあたって造離宮司が任命されており、この下部部局であった可能性が高い。また、七四四年（天平一六）の造営を担った造営組織には、「大粮申請解《たいろうしんせいげ》」（各役所が仕事に従事する者に支給する食料をあらかじめ請求した文書）に造宮省がふくまれているので、その下部部局の可能性もあり、なお検討する必要がある。このほかに、

⑩参河国播豆

⑪参河国播豆郡□□部□調小凝六斤

など、平城宮からも出土している幡豆《はず》郡の木簡から、贄《にえ》に関連する可能性の高いものがある。

さらに、諸官司に関連するものとしては、

⑫「□中衛」

⑬□文勅員□□

⑭「兵衛□□」

と記すものなどがある。これらは、「仕司務所」「□厨司」などと同様に、宮町遺跡の紫香楽宮に設けられていた可能性が高い。

図 37 ● 宮町遺跡出土の人形代
祭祀、呪術に使用したもの。

また、仏教に関連するものとして、

⑮金光明寺

⑯請大徳（図36）

と記されたものがある。⑮は、『続日本紀』天平一六年三月一四日条に、金光明寺の大般若経《だいはんにゃきょう》を紫香楽宮に運んだ記事があり、これとの関連で注目されるものである。これまで金光明寺は大和の金光明寺と解されることが多いが、栄原《さかえはら》永遠男《とわお》は、この木簡から近江に金光明寺が存在したことを想定する考えを述べている。

墨書土器

以上のような木簡のほかに、須恵器に「万病膏《まんびょうこう》」「御厨《みくりや》」「大厨《おおくりや》」「羹所《あつものところ》」などと記した墨書土器が出土している（図38）。「万病膏」は、『延喜式』典薬寮に、大万病膏、千瘡《せんそう》万病膏とともに、左右近衛府《このえふ》・兵庫寮《ひょうごりょう》・遣唐使《けんとうし》・遣渤海使《けんぼっかいし》・遣新羅使《けんしらぎし》その他に支給されることが規定されている。これらは、衛府の常備薬とされており、傷薬として使用されていたものとみなされる。また、厨に関連するもの、「羹所」は平城宮でも出土している。

紫香楽宮の土器

宮町遺跡の調査では、多くの土師器、須恵器が出土している。特に北辺中央部の第一三次調査で見つかった溝や整地層から多量の紫香楽宮期の土器がまとまって出土しており、この時期の特徴をよく知ることができる（図39）。
土師器には坏《つき》、高台付の坏、蓋、皿、椀、高坏《たかつき》、甕などがある。紫香楽宮に関連する土器は、『続日本紀』の記録や出土している木簡からすると、七四二年（天平一四）から七四五年（天平一七）にほぼ限定される時期のものである。この時期の土師器編年からみると、平城宮Ⅲに相当する。この平城宮Ⅲは平城宮跡の内裏北外郭で検出された土壙から出土した土器を基準資料としたもので、共伴した木簡に記された年紀は、天平末年のものが集中し、七五〇年に近いものと想定される。それに対し、宮町遺跡のものは七四二年から七四五年に使用されたことから、坏の内面に暗文《あんもん》を施したものが多くみられる。また、高台をもつ坏の内面にラセン文、放

「万病膏」

「御厨」

「羹所」

図38 ● 宮町遺跡出土の墨書土器
薬を入れる容器、厨房関連の備品を示す。

射文、さらにその上部に連弧文をつけた平城宮Ⅱの段階のものも出土し、少し古い様式をとどめる傾向がみられる。今後、出土資料が増加することによって平城宮Ⅲを新旧に区分するのに寄与する可能性が高い。また、土師器の甕は、近江型の長胴のものは少なく、口縁部の内面に横ハケを施す山背《やましろ》型のもの、ハケをつけない大和型のものが多くみられる。

　また、須恵器には坏身、蓋、壺、鉢、盤《ばん》、

図39 ● 宮町遺跡から出土した土器
褐色系は土師器、灰色系は須恵器。天平年間の平城宮のものと共通する。

甕などが出土しているが、まだ一括したよい資料は出土していない。

3　造仏所と官衙

鍛冶屋敷遺跡の調査

紫香楽宮が設けられた宮町遺跡の周辺には、紫香楽宮や盧舎那仏の造立と関連をもつ遺跡が点在する。その一つが鍛冶屋敷遺跡である。

この遺跡は、「史跡紫香楽宮跡」がある南北に長い台地の東北端部、「史跡紫香楽宮跡」の伽藍跡から北東四〇〇メートルにある（図27参照）。すぐ北には東から西に流れる隼人川《はやとがわ》があり、その南岸にあるのが鍛冶屋敷遺跡である。ここは表土下に焼土層があり、鉱滓《こうさい》が出土することから、昭和初期から鍛冶関連の遺跡として肥後らによって注目されていた。一九八八年、信楽町教育委員会によって一部が試掘調査され、その際に鍛冶に関連する銅滓《どうさい》などが出土し、また須恵器や布目瓦《ぬのめかわら》などが出土した。遺跡のすぐ南側は「史跡紫香楽宮跡」から北に延びる台地の北端部が崖状をなしている。

その後、第二名神高速道路のアクセス道路が建設されることになり、二〇〇二年、事前の発掘調査が実施され、大規模な鍛冶工房跡であることが明らかになった。

見つかった遺構は、溶解炉九基、鋳込《いこ》み遺構一一基、掘立柱建物五棟など、鍛冶工房に関連する多くの遺構が整然と配されていることが判明した。

これらの遺構は大きく三段階に分かれている。第一段階は南北に細長い桁行九間、梁行一間以上の掘立柱建物が建てられ、この建物の北側にも同様の規模のものが西に延びている。

続く第二段階では、先の建物を黄色土の盛土で埋め、銅を溶かす溶解炉、踏みフイゴ、さらに鋳込み用の遺構を組み合わせて配されていた。これらは、ほぼ七メートル間隔に直径一メートル弱の溶解炉と鋳込み遺構が組み合わさって配置されていた（図42）。

さらに、第三段階には、それ以前の鋳込み遺構を破壊する一方で、四・四メートルないし五メートルの大型の鋳込み遺構が設けられていた。南側は台座を造った遺構、北側では梵鐘《ぼんしょう》を鋳造していたことが判明した。

これらのうち台座を鋳造する遺構（図40）は、一辺が約一メートル、内径が約二メートルのものである。また、梵鐘鋳造遺構は直径一・八メートル、高さ二・七メートル大のものを製作したものとみなされるもので、遺構の中に中子《なかご》（図41）が落下した状態で出土し

図40 ● 鍛冶屋敷遺跡の鋳造遺構
地下を掘り込んで、仏像の台座を造った鋳造遺構。台座が半分見える。

た。

　また、溶解炉は南北に一定の間隔で列をなして設けられている。このように整然と配されていることからみると、官営の工房施設であったとみてよい。

　遺物には鋳型や炉壁、銅塊、銅滓のほか、「二竈領」と記す墨書土器が出土している。墨書の「二竈領」は「ふたつのかまどのうながし（にのかまどのりょう）」と読み、関連するものは東大寺造営関連の木簡に、「右二竈」「右四竈」「五竈」「七竈」などと記されたものがある。「竈」は溶鉱炉とみなされ、それらが整然と配されていたものと推測される。また、「領」は役所の単位部門の管理者を呼称したものと想定される。

　正倉院文書には、甲賀寺造仏所に関連する天平一九年（七四七）正月一九日付の「甲《こう》可《か》寺《でら》造《ぞう》仏《ぶつ》所《しょ》牒《ちょう》」が残っている。この官営工房の造仏所では、聖武天皇が紫香楽宮から平城京に還都した七四五年（天平一七）五月以後も、なお仏像の造作などの作業が続けられており、製作した仏像を東大寺に搬出している。

　これは、東大寺で大仏造立が再開されることになったことから、甲賀寺の造営にともなって設けられた造仏所の工房で、仏師、工

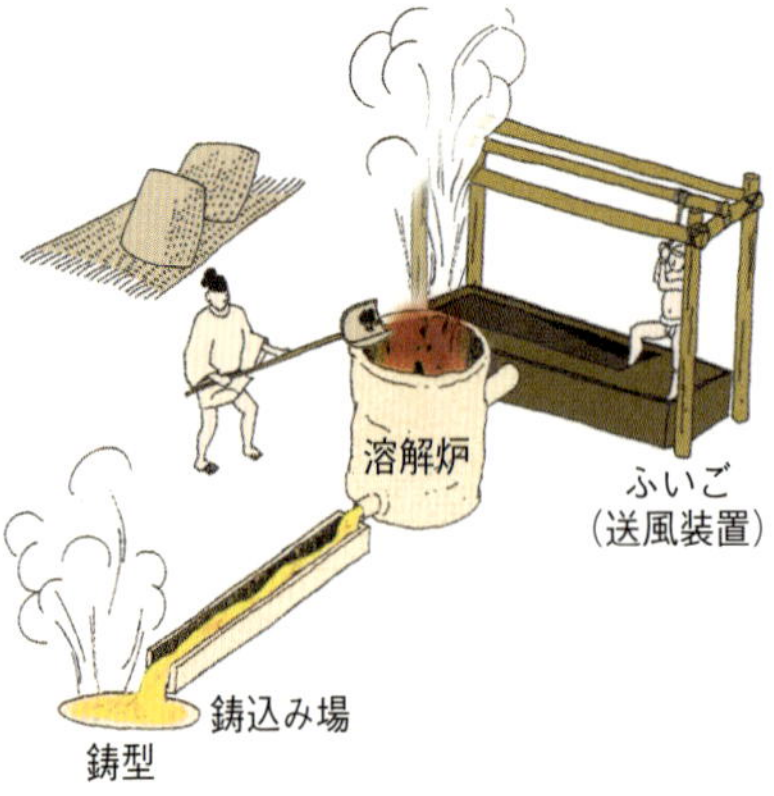

図 42 ● **鋳込み遺構想定復原図**
フイゴで風を送って炭をおこし、溶けた銅を鋳型に流す。

図 41 ● **復原された中子**（梵鐘の内形）
梵鐘の中を空洞にするには、粘土の中子が要る。

人らがそのまま作業を継続していたことになる。

このように甲賀寺での大仏造立は中止することになったが、甲賀寺に付設された造仏所では、なおしばらくの間、作業を継続しておこなったことを知ることができる。

また、梵鐘は、比較的近い距離に建てられた寺院に吊り下げることを前提に鋳造されている諸例からすると、甲賀寺造仏所で鋳造された梵鐘は、この「史跡紫香楽宮跡」に遺存する伽藍の鐘楼用に鋳造したものと推測するのが自然であろう。

新宮神社遺跡と北黄瀬遺跡

宮町遺跡と「史跡紫香楽宮跡」とのほぼ中間に、早くから知られる遺跡に新宮神社《しんぐうじんじゃ》遺跡がある（図27参照）。一九九六年、二〇〇〇年から二〇〇二年の調査で、掘立柱建物三棟、井戸一基、旧河道一条、橋脚遺構、道路跡二条などが検出されている（図43）。

これらのうち、橋脚遺構は旧河道をまたぐように設

図43 ● 新宮神社遺跡
道を横断する溝に架けた橋の跡。

けられ、桁行三間（約八メートル）、梁行三間（約八メートル）規模のものである。また、二条の道路のうち、東側のものは橋を渡り、その北の丘陵に切り通しがみられる。また、西の道は側溝が検出され、路面幅が約一八メートルのものとみなされ、北へ延長すると宮町遺跡の紫香楽宮に至っていたと想定されるものである。

また建物は小規模なものであるが、その位置からすると官衙的な管理施設の可能性が少なくない。

さらに、黄瀬地区の圃場整備事業にともなって二〇〇一年に調査された北黄瀬《きたきのせ》遺跡（図27参照）で、大形の井戸が見つかっている（図44）。この井戸は一辺約二メートルで、厚い板を方形の横板組した二段分の井戸枠が遺存していた。

井戸の周囲には、南北約八メートル、東西約九メートルの方形の洗い場と四周に排水溝がめぐらされていた。また、この井戸枠を覆う桁行三間、梁行二間の掘立柱建物が設けられていた。

この周辺では、他に建物は見つかっていないが、大形井戸が設けられたことからみて、木材の集散や加工に関連する官

図44 ● 北黄瀬遺跡の井戸
平城宮の役所（官衙）と同規模の大形井戸。付近に大規模な工房があったか。

衙に付属したものと想定されるものである。

4　甲賀寺の復原

「史跡紫香楽宮跡」の伽藍

これまで見てきたように、宮町遺跡が紫香楽宮跡とすると、「史跡紫香楽宮跡」にはどのような施設が建てられていたのであろうか。

「史跡紫香楽宮跡」がある内裏野の台地の東側は、やや急な崖状をなしており、その東端に狭い県道が南北に通っている。この台地の東南端の道沿いに「紫香楽宮阯」と表示した石標が立てられている（図2）。これを見て西に少し入ると、史跡の建物群がある台地の下に着く。

「史跡紫香楽宮跡」の遺構は、台地上を南北に走る東と西の二つの小支脈上にある。西側は広い面積をなし、金堂院と僧房などが配されており、東側の小支脈上に塔院の建物がある。

台地南端部から北へ進み緩い斜面をのぼると、周囲にはまばらに松などの樹木が生えている。この斜面の途中、もしくは台地をのぼる前の平坦地に南門が建てられ、寺院の南を限る築地がめぐっていたことが想定されるが、その位置はまだ明らかでない。

中門跡

中門は斜面をのぼった最初の平坦面に建てられた。桁行三間、梁行二間のもので、自然石の

図 45 ● 甲賀寺周辺の想定復原図
西に金堂院、東に塔院を整然と配した伽藍。

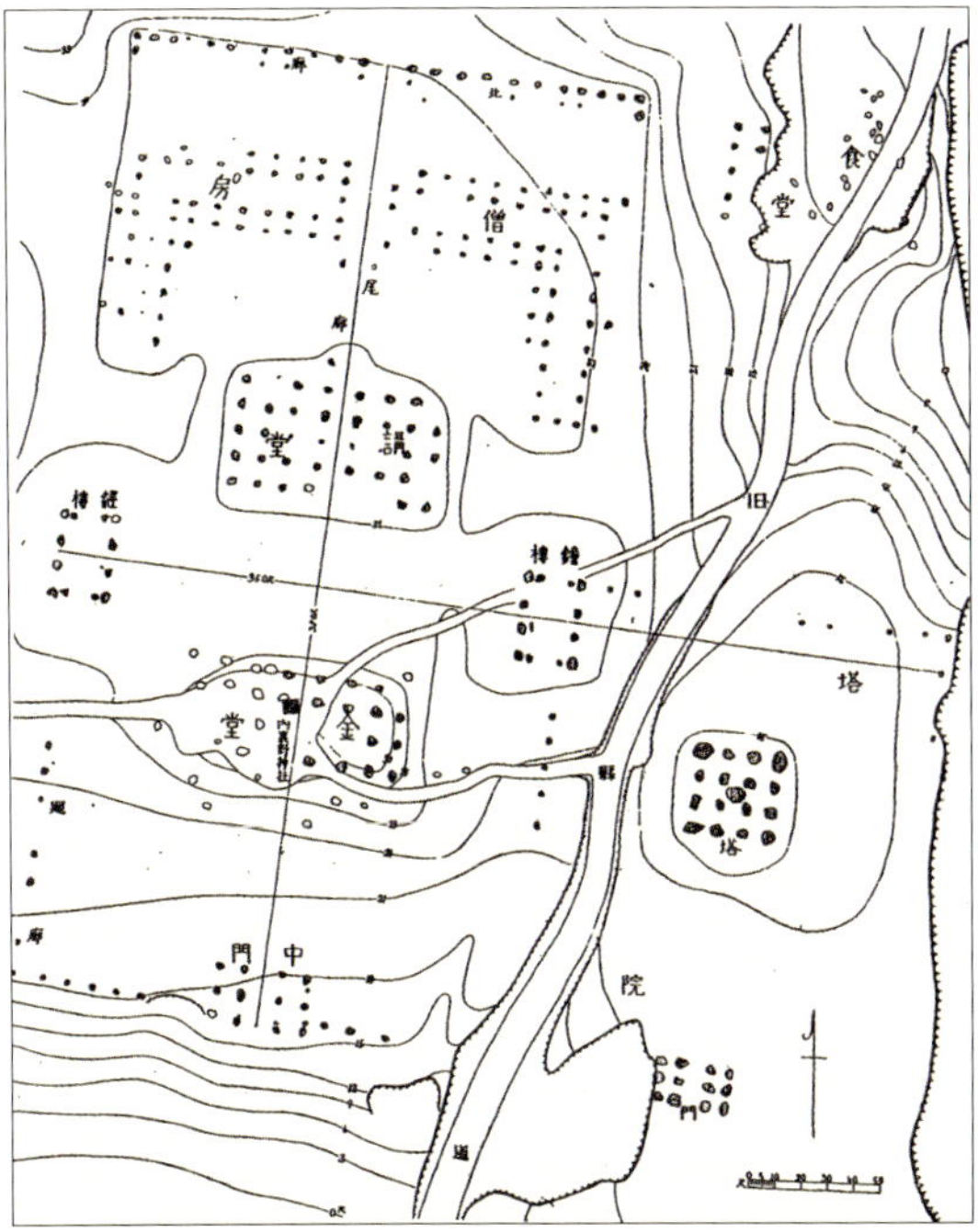

図 46 ● 肥後和男による内裏野遺跡の建物配置図

図 47 ● 甲賀寺想定復原図
門にとりつく西回廊は、2005 年春に単廊であることが判明 した。

礎石が残っている。中央の間が一五尺、両脇が約一〇尺。南北に長い台地の南端に建てられており、南方を見おろせる位置にある。ここからは東の塔院の一画も見わたせる。

この中門には、東西に回廊がとりついていた。この回廊は東西とも外側の列の礎石のみが遺存し、内側は失われているが、二〇〇四年度におこなわれた西回廊の発掘調査で、内側の礎石が抜かれた痕跡が検出され、単廊がめぐらされていたことが判明した。また回廊は北へ折れ、経楼にとりついていたこと、この回廊が焼失したことも判明した。

金堂跡

中門の北は一段高くなり、台地の最高部に大形の基壇が設けられ、桁行七間（七九尺）、梁行四間（四一尺）、四面に庇をもつ金堂が建てられていた（図48）。桁行は端から九尺、一一尺、一二尺、一四尺、一二尺、一一尺、九尺で、中央の間がもっとも広い。梁行は九・五尺、一

図48 ● 甲賀寺金堂跡（東から）
残りのよい金堂の礎石。自然石をそのまま使用。

一尺、九・五尺である。礎石はいずれも一・三メートル前後の自然石が用いられており、よく残っている。しかし、基壇外装は明らかでない。

この金堂跡の内陣のほぼ中央部の一部に小祠堂が祀られている。これは「内裏野さん」と呼ばれ、もと黄瀬村民が奉祀したもので、今は聖武天皇を祭神とする村社になっている。

金堂の東にも、礎石が一部残っており、中門から東西に延び、さらに北へ折れてのびる回廊にとりつく東西廊があり、もとは金堂院を構成していたものとみなされる。この金堂の北二一メートルに講堂の基壇がある。

講堂跡

講堂も礎石群がよく残っている。いずれも自然石の礎石で、桁行七間、梁行四間、四面に庇をもつ建物である。桁行は中央三間が一二・五尺、他が一〇尺。梁行は一〇尺等間とされている。ここには内陣の中央に小礎石が二個のみ置かれている。須弥壇《すみだん》を支えた礎石である。基壇外装は講堂も明らかでない。この講堂の北側柱列の中央部には、礎石が一個残っている。その北に建てられた僧房とつなぐ軒廊《こんろう》が設けられていたことがわかる。この講堂跡に立つと南の金堂よりも少し低いが、しかし周囲は広くほぼ同一の平坦面をなして開けていることがわかる。

鐘楼、経楼跡

講堂と南の金堂との間の東西に、鐘楼と経楼が建てられていた。東側の鐘楼は、桁行三間、梁行三間のもので、桁行は一〇尺等間に建てられ、梁行の三間は両脇間が四・五尺、中央が一二尺とみなされている。経楼も桁行三間、梁行三間で、桁行は一〇尺等間、梁行は両脇間が四・五尺、中央が一二尺のものである。

回廊跡

前述したように、二〇〇四年度の調査で、南から北に延びてきた単廊の南北回廊がとりついていたことが確認された。ただし、この回廊の内側の礎石のみが失われたことの要因はなお明らかでない。また、内側の礎石抜きとり穴の下に、礎石の抜きとり穴に比して不相応な大きな掘方《ほりかた》が検出されている。史跡整備の報告書では、内側に掘立柱様式が採用されたことも一案として記されており、あるいは、当初は、掘立柱で高い塀をめぐらし、後に中門の造営時に外側に礎石列を加えて、単廊としたことも想定しうるかもしれない。

僧房跡とその復原

講堂の北側一帯には、ひろがりをもつ僧房が建てられていた。この僧房は、一九三〇年（昭和五）の調査で中央の東西棟に東と西で南北棟をコ字型に配した三面僧房をなすことが判明している。中央の東西棟には、中央に講堂と結ぶ軒廊があり、ここで東西二つに分かれていた。つまり東西棟の東行僧房と東僧房、また東西棟の西行僧房と西僧房によって鉤《かぎ》の手をなす僧房が左右相称に建てられていた。これらは東西一〇間（八九尺）、南北一〇間（八七尺）、奥行四間（三〇尺）をなしていた。この僧房の建物も、礎石のほとんどが遺存しており、奈良時代の僧房では東大寺、元興寺極楽坊《がんごうじごくらくぼう》などとともに構造をよく知りうる数少ない遺構の一つである。

史跡整備の報告書では、この僧房は、いずれも一房は奥行三〇尺、幅三〇尺をなし、前面の庇は開放され、内部は三分されており、中央に通路、その両脇に大室と小室が設けられていたものとみなされている。これは軒廊から僧房の入口を入ると、通路を兼ねる共用の空間が設けられており、その両側に大室が設けられ、その奥に小室があったことになる。ここは床を張った痕跡がないので、土間になっていたものとみなされている。

僧房の配置に際しては、コ字型をなす三面僧房のうち、北面僧房の東端と西端は、中門からめぐる東面と西面の南北回廊と柱筋をそろえ、また僧房の南端は講堂の北側柱列と柱筋をそろえて計画的に構築されていた。

この僧房の北には、一九三〇年（昭和五）の調査で東西に長く、南側の礎石の残りがよくないながら南北二列の礎石群があったことが記されている。これは中央で東西に分かれ、いずれも桁行八九尺、梁行六尺のものである。肥後は北廊とみなしたが、史跡整備の報告書では、北面僧房の礎石といずれも礎石が揃うことから、桁行二一間、梁行一間をなす小子房とみなすのがふさわしいとしている。

食堂跡

さらに僧房の東に、食堂《じきどう》跡が見つかっている。この食堂は東側の礎石が移動したものが多いが、動いていない礎石から肥後によって桁行七間（七〇尺）、梁行四間（三六尺）に復原されている。しかし、現状は礎石が一部しか残っていない。

塔院跡

主要な伽藍の建物は西側の台地小支脈上に建てられたが、その東側の小支脈上に、いま一つ建物群が建てられている。南端に桁行三間（二五・三尺）、梁行二間（一三・二尺）の中門がある。ここには金堂院の中門よりも少し大きな自然石の礎石が配置されているが、門の規模は中門よりも小さい。

この中門の東西には、これにとりつく回廊もしくは塀の礎石は残っていないが、塔の北に東西方向の礎石群、東にも南北方向の礎石列が一部残っていたようで、塔をかこむ区画施設がめぐらされていたものとみなされる。この区画施設を肥後は回廊に想定しているが、礎石は一列だけ遺存しているので、築地がめぐらされた可能性も少なくない。さらに、礎石の遺存状態は金堂院と共通することからみると、金堂院と同様に礎石と掘立柱を使用した回廊が構築されていた可能性も検討する必要があろう。

中門の北の空間には塔が建てられている。礎石はいずれも大形の自然石で、四天柱の礎石に比して側柱のものが特に大形である。心礎も自然石で人の手は加えられていない（図49）。いずれも火災の痕跡をとどめている。この塔は五重もしくは七重であろうと肥後によって想定されている。塔跡は一九五〇年八月にも再調査され、二重基壇をなし、下成基壇が一八・三メートル、上成基壇が一六・二メートルをなすことが知られている。塔の一辺と心柱径で割る石田茂作説によって、史跡整備の報告書は五重塔が建てられていたものとみなし、奈良国立文化財研究所によって製作された復原図も五重塔として描かれている。

以上のように、「史跡紫香楽宮跡」には、じつに多くの礎石が残っている。これらの建物群は、当初は紫香楽宮の宮殿建物そのものとみなされたが、一九三〇年（昭和五）の肥後による調査によって、東側の台地から塔跡が検出され、さらに西台地でも北部から大規模な三面僧房をなす礎石群が検出されたことから、東大寺式伽藍であることが明らかになったのである。

葺かれた瓦類

この寺域からは建物に葺かれた瓦類も多く出土している（図50）。軒丸瓦二型式、軒平瓦二型式である。

軒丸瓦一型式は、単弁十七弁蓮華文で、圏線にかこまれた中房に1＋8の蓮子を配し、弁は十七葉の細弁、

図49 ● 甲賀寺塔跡（西南から）
塔の礎石も自然石ながら、金堂よりも一まわり大形のものが使用されている。

間弁は小さな三角を呈する。外区外縁に二二個の珠《しゅ》文《もん》、外区外縁に線鋸《せんきょ》歯文《しもん》をつけるが、不鮮明なものが多い。二型式は複弁六弁蓮華文で、中房のつくりから二種あり、Aは突出する中房に1＋6の蓮子をつけ、外区内縁に珠文を一三個つけ、外区外縁は素文である。Bは、中房が突出せず、圏線でかこまれている点が異なる。

軒平瓦は二型式あり、一型式は中心飾りの左右に四反転する均整唐草文で、上下の外区に珠文をつける。二型式は中心の上下に三角珠文を置き、その左右に五回反転する唐草文を配するものである。

これらの軒丸瓦、軒平瓦は同じ型からつくられたもの（同笵《どうはん》）が山城国分寺からも出土しており、甲賀寺の軒瓦として瓦当笵《がとうはん》（軒瓦の型）が製作され、後に山城国分寺に移されたものとみなされている。しかし、これらの軒瓦の製作技術は類似するが、山城国分寺の軒瓦は石英を多くふくんでおり胎土《たいど》が異なるので、瓦工人が移動して生産したものと想定さ

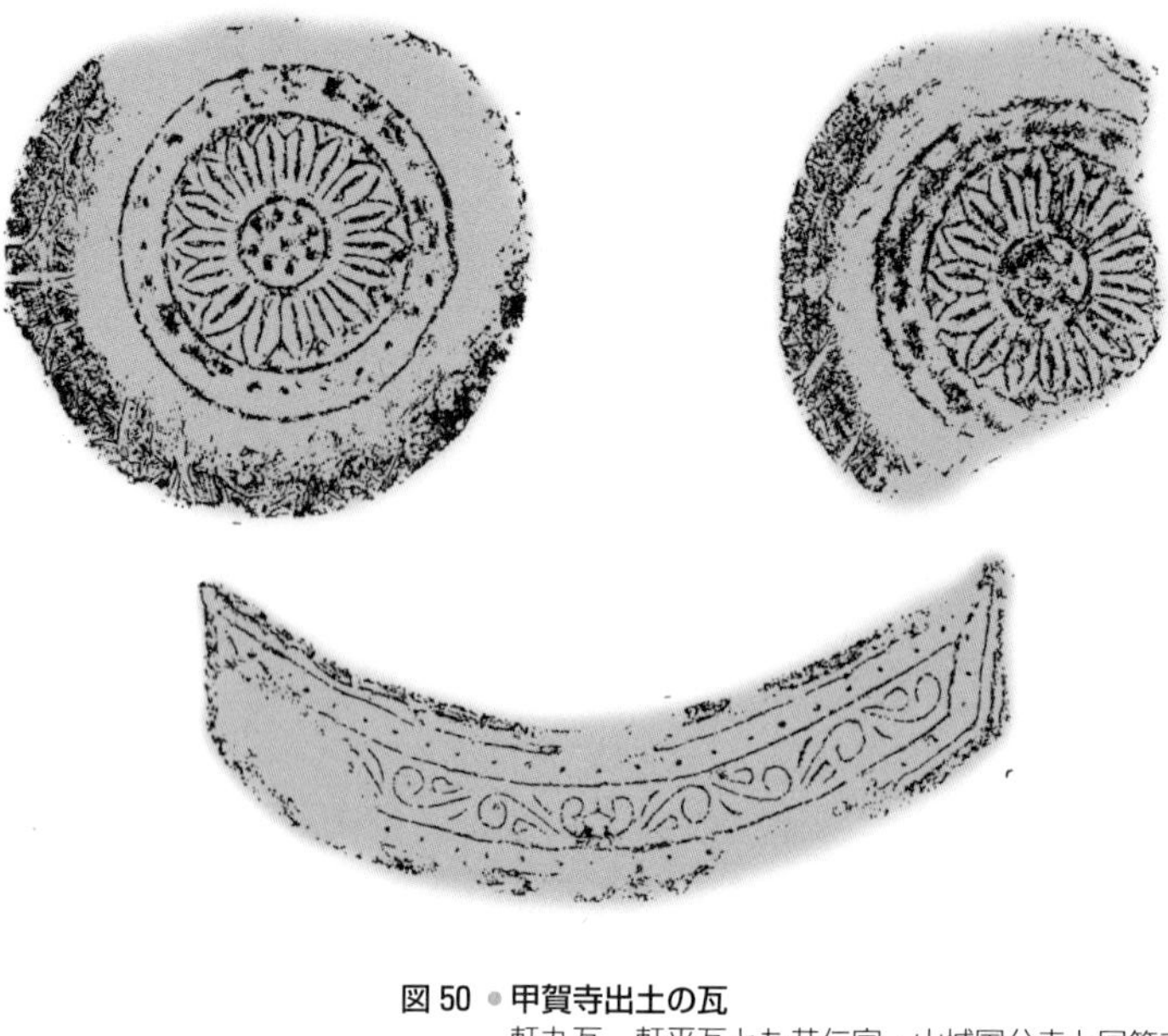

図50 ● 甲賀寺出土の瓦
軒丸瓦、軒平瓦とも恭仁宮・山城国分寺と同笵である。

れている。

甲賀寺と国分寺

さて、内裏野の伽藍を構成する建物群の性格であるが、肥後は『滋賀県史蹟調査報告』第四冊の「紫香楽宮の研究」で、この寺院跡を甲賀宮国分寺の遺構と想定している。この甲賀宮国分寺とは、紫香楽宮である甲賀宮を後に国分寺に改修したもの、あるいは甲賀宮と甲賀寺は同一で、のち国分寺となった、とするものであった。

　肥後の想定では、いずれの場合もこの建物群を紫香楽宮と深い関連をもつ遺構と理解している。すなわち「正倉院文書」にふくまれている天平勝宝三年（七五一）の「奴婢見来帳《ぬひけんらいちょう》」に「甲賀宮国分寺大工《こうかのみやこくぶんじのだいく》」と記されていることを重視し、黄瀬に残っている寺院跡は、聖武天皇が平城宮に遷都した後、紫香楽宮を国分寺に改修したもので、紫香楽宮は甲賀寺であって国分寺でもある。あるいは、内裏野の寺院遺構は東大寺と共通する伽藍をなすことから国分寺であり、甲賀寺は別の地点に存在したのではないか、などである。

　しかし、宮町遺跡に紫香楽宮があったことからすると、紫香楽宮を改修したものとみなすことはできなくなったことになる。そして、この遺構が甲賀寺そのものか、あるいは甲賀寺を国分寺と改称することがあったかを、さらに今後の調査によって検討することが課題になる。

第4章　大仏造立と紫香楽宮

1　行基と大仏造立

知識結による大事業

第2章でも述べたように、聖武天皇は七四三年（天平一五）に盧舎那仏造立の詔をだした。そして行基が弟子たちを率い、さらに多くの民衆がこの事業に加わって協力することになった。大仏造立の大事業は、行基を中心とした知識結《ちしきゆい》によっておこなうことを計画したことに大きな特徴がある。これは国家事業の寺院造営では例のないことだ。それまでの国家的な寺院造営では、早いものに百済大寺《くだらおおてら》の造営がある。これは『大安寺縁起《だいあんじえんぎ》』によると、百済大寺の造営に際し、阿倍倉橋麻呂《あべのくらはしまろ》、穂積百足《ほづみのももたり》を造寺司に任命し、これが焼失した後の高市大寺《たかいちおおてら》の造営では、御野王《みののおう》と紀臣訶多麻呂《きのおみのかたまろ》を造寺司に任じて進めており、国家的な寺院造営ではそれを担う官司を組織して推進している。

聖武天皇が大仏造立を発案したのは、七四〇年（天平一二）、河内の大県郡《おおがた》にある知識寺の大仏を崇拝したことによる。このときに、みずからも大仏を造営することを希望したことが『続日本紀』天平勝宝元年（七四九）一二月二七日条に記されている。これが、大仏造立を知識結によって進めることにつながったことを想定させる。

知識とは

知識とは、本来は僧尼にとって知人を意味する用語であるが、さらに衣食や草庵の材料を提供してくれる者という意味に変化した。その後、僧尼の勧化《かんげ》に応じて知識になり、結縁《けちえん》のために財物を浄捨し、それによって現世で平穏や往生浄土をうることに拡大して使用されるようになった。財物の喜捨《きしゃ》は往生浄土の機縁となるので、知識物と呼ばれた。

この知識が集団を結成して行動することを知識結という。知識結には、知識の中心となる知識願主《がんしゅ》がいる。知識願主は僧侶がなる場合が多いが、そうでない者が願主となることもあった。

聖武天皇が知識願主となり、盧舎那仏の造立を知識結によっておこなうことを呼びかけたのに対し、なぜか、行基が弟子たちを率いて全面的に協力することになったのである。

それまで、政府にきびしく弾圧されてきた行基と弟子たちが、この大仏造立の大事業に協力することになったのはどのようなことからか。さらに、聖武天皇が、この大仏の造立を近江の甲賀郡の山間の地でおこなうことにしたのは、なぜか。

行基

行基は六六八年（天智七）、河内の大鳥《おおとり》郡に生まれた。父は高志《こし》氏で、百済から渡来し「千字文」を伝えたという王仁《わに》の後裔氏族である西文《かわちのふみ》氏の一族である。母は蜂田《はちた》氏である。行基は六八二年（天武一一）、一五歳のとき、同郷の道昭《どうしょう》を師と仰いで出家した。出家したとき、法相宗で重んじる「瑜伽論《ゆがろん》」「唯識論《ゆいしきろん》」を読み、すぐに理解したという。「瑜伽論」は、無量の衆生を教化して苦を寂滅《じゃくめつ》することが強調され、「唯識論」では、小乗戒と対照的な大乗戒という菩薩的な行為が重んじられており、この教えは行基の民間活動に具現化された。行基が人びとを教化しようとすると、ややもすると千人単位で教えを受ける僧侶や民衆が集まったという。

この行基の説法の様子については、『日本霊異記《にほんりょういき》』中巻第三〇に、行基が河内で説法したときに、子を連れて法会に参加した母にその法を聞くのをしきりに泣いて妨げる子供を、大和川の淵に捨てることを勧めるという話が記されている。

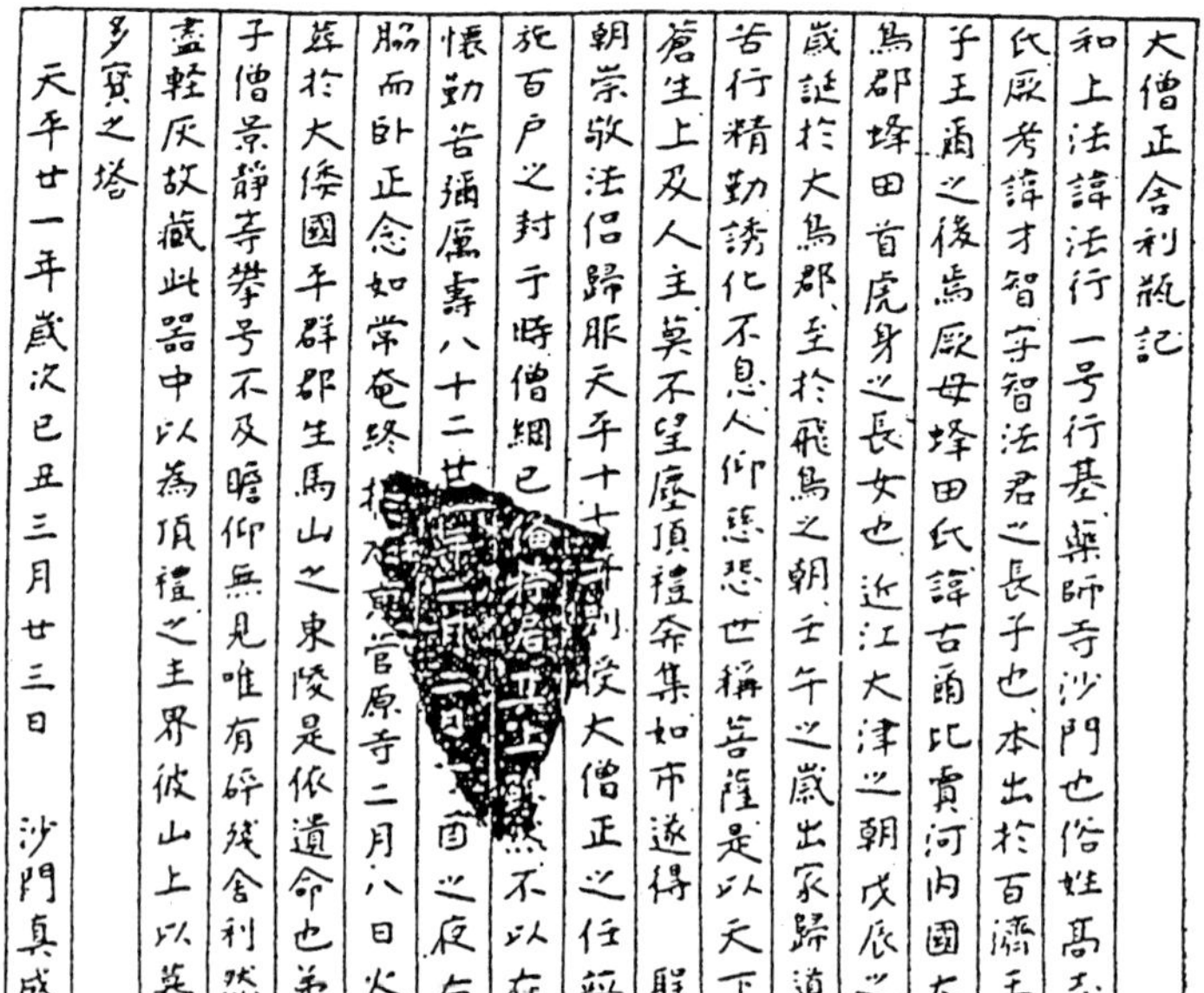
大僧正舎利瓶記
和上法諱法行一号行基薬師寺沙門也俗姓高志
氏厥考諱才智字智法君之長子也本出於百済王
子王爾之後焉厥母蜂田氏諱古爾比売河内国大
鳥郡蜂田首虎身之長女也近江大津之朝戊辰之
歳誕於大鳥郡至於飛鳥之朝壬午之歳出家帰道
苦行精勤誘化不息人仰慈悲世称菩薩是以天下
蒼生上及人主莫不望塵頂礼奔集如市遂得　聖
朝崇敬法侶帰服天平十七年別授大僧正之任竝
施百戸之封于時僧綱已　然不以在
懐勤苦弥厲寿八十二廿　酉之夜右
脇而臥正念如常奄終　菅原寺二月八日火
葬於大倭国平群郡生馬山之東陵是依遺命也弟
子僧景静等攀号不及瞻仰無見唯有砕残舎利然
尽軽灰故蔵此器中以為頂礼之主界彼山上以慕
多宝之塔
天平廿一年歳次己丑三月廿三日　沙門真成
図51 ● 行基墓誌復原図（藤沢一夫氏復原）

行基登用の背景

僧尼令《そうにりょう》の規定では、僧尼がみだりに民衆に説いたり、教化したり、寺院以外に道場を建てることが禁じられていた。しかし、行基はこの僧尼令に違反して民間で説法や遊行《ゆぎょう》したり、罪福を説いたり、役民《えきみん》を救済し、浮浪逃亡した農民を受け入れて活動した。

このように行基が民衆を救済し、教化したのには、平城京の遷都にともなう大造営という背景があった。役民が病気をしたり、諸国への帰郷の途中で食料を確保することが困難なことから、飢えて死亡したりする者があとをたたなかったのである。

七一七年（霊亀三）、行基が法を犯し、民衆を教化していることから、政府は「小僧行基《しょうそう》」と名指しで批判し、その行動に対して集団をふくめて強い弾圧を加えている。

しかし、七三一年（天平三）には、行基に従う優婆塞《うばそく》、優婆夷《うばい》のうち男は六一歳以上、女は五五歳以上の高齢の者に得度《とくど》することが許可されており、弾圧は緩和されている。

『行基年譜』によると、行基は七四〇年（天平一二）に泉橋院《せんきょういん》、隆福尼寺院《りゅうふくにじ》、布施院《ふせ》、尼院を建て、ついで七四五年（天平一七）には、大福院《だいふく》、大福尼院、難波度院《なにわのわたり》、枚松院《ひらまつ》、作蓋部《さやべ》院の五院を建てている。しかし、恭仁京遷都がおこなわれた七四一年（天平一三）から七四四年（天平一六）には、一院も建てていない。これは、恭仁京の造営に続いて始まった大仏造立と甲賀寺の造営に知識結の勧進などを行基と弟子たちが集中しておこなっていたことによるものとみなされる。

行基が大仏造立に登用されたのは、それまで四十年余の間、各地で知識と呼ばれる信者の集団を結んで道場を建て、池溝を掘り、墾田開発を進めてきた民衆を組織する手腕に政府が期待し、人民を大仏造営に結びつけようとしたものと理解されている。

これと少なからず関連するものとして『行基年譜』には、七四一年（天平一三）三月一七日に、山背《やましろ》国に造営した泉橋院に聖武天皇が行幸し、終日にわたって談話したとある。その時に行基は、大国に孤独の徒を養息する給孤独園《ぎっこどくおん》があるので、為奈野《いなの》にそれを造りたい旨を述べ、天皇は行基らの建てた院を没収しないことを約束したことが記されている。

大仏造立の幻想

しかし、この記事に対して井上光貞《いのうえみつさだ》は、行基が泉橋院で天皇と会ったというのは伝説であろうとしている。行基が朝廷の求めに応じて諸院建立の次第を上奏したというのは『行基年譜』の「天平十三年記」の作成に関連するものとみなし、天皇が諸院の

図 52 ● 行基が建てた泉橋院
恭仁京での行基集団の活動の中心となった寺院で、木津川（泉川）の河畔に礎石が遺存する。

図 53 ● **東大寺大仏**（矢野建彦氏撮影）
大仏は紫香楽で造立できず、平城還都の後に
東大寺で完成した。

堺地を没官《もっかん》しないと誓ったというのは、朝廷が行基たちの造った諸施設を合法としたことと合致するとして、朝廷がそれまでの対行基禁令をやめ、私的土木工事を公認するにあたり、官が提出を命じた、もしくは官みずから作成した公的記録であったと述べている。そして、勅願の大知識寺を意図して大仏造立の詔をだすとともに、行基をその勧進僧に起用し、朝廷の大土木事業を完遂するための中心人物にまつりあげたとしている。

『行基年譜』に記すような、行基と聖武天皇との会見記事には否定的な見解が多い。そして、行基を登用したのは、橘諸兄であるとする説もだされている。いずれと判断すべきかの材料を欠くが、行基が大仏造立の大工事を進める勧進僧への起用に応じたのは、天皇か諸兄のどちらかと会見するようなことがあったものと想定される。泉橋院跡からは、平城宮式軒瓦が出土しており、大仏造立を契機に、この寺院の造営に官の援助があったことを知ることができる。

七四一年（天平一三）九月九日に、恭仁京の造営で、大和、河内、摂津、山背四国の役民五五〇〇人を徴発し、また一〇月一六日、賀世山《かせやま》の東河（木津川）の架橋工事に、畿内および諸国の優婆塞を使役し、工事の完成後に七五〇人を得度させたという記事が『続日本紀』にある。

石母田正は、この優婆塞、優婆夷が行基集団だとすると、政府が行基集団を登用したのは、畿内、近国の役民を徴発することがすでに困難になっていたことを示すものとしている。さらに、石母田は大仏造営を知識でおこなうというのは、その内部にいかに身分と階級の差があっても、仏という超越者の前に知識衆は対等であり、勧誘するものとされるものとの間に形式上の権力関係が存在しないのが原則であるとする。しかし、大仏造営は、詔として権力者の命令という形でだされ、知識物の勧誘がおこなわれている。そして聖武天皇が盧舎那仏造営の主体となっており、本来は非国家的または非権力的原理に立つ知識の中に権力が介在し、それが国家権力によって上から組織されたということは、巨大なフィクションであるとした。さらに、行基が願主の呼びかけに、ただちに呼応して頭主の地位を担ったのは、天皇と民衆と自己をふくむ共同集団＝知識結という「共同性の幻想的形態」にとらわれていたのではないか、としている。

大仏造立がそれまでの国家による寺院造営のように国家主体でなく、天皇が知識によって造営しようとしたことは、矛盾に充ちたものであった。また、それに行基とその集団が呼応したのも、そのようにせざるをえない矛盾を行基集団がかかえていたものと推測される。それは、行基が七六歳という高齢となっており、それにかかわって行基集団固有の課題を多くかかえていたものとみてよい。

2　仏都・紫香楽宮

仏都として

七四〇年（天平一二）一〇月の東国への行幸にともなう恭仁宮・京の造営、難波遷都、さらに紫香楽宮へとあいつぐ遷都には、理解しにくいことが重なった。このうち紫香楽宮への遷都は、恭仁宮・京への遷都後におこなわれた大仏造立、甲賀寺の造営と深い関連をもっていたことは疑いない。

紫香楽宮遷都に先立つ恭仁京遷都は、その京域設定がそれまで例のない木津川を貫流させて造営していることからみて、中国の洛陽城を模して造営した可能性はきわめて高い。そうだとすると、洛陽城と強いつながりをもつ竜門石窟の盧舎那仏（図54）をもふくめて一体のものとし、大仏造立を紫香楽村で計画し、これとの関連で紫香楽宮の離宮が当初には造営されたものと推測される。

その後、紫香楽宮に遷都したことから、聖武天皇がここを大仏造営と一体のものとして仏都を造営したとみなす説もだされている。

紫香楽宮は宮都として営まれる

図54 ● 竜門石窟の盧舎那仏（洛陽・竜門、奉先寺）

ことになったが、恭仁宮や難波宮とは著しく異なってその規模は小さく、長期にわたって宮都としての機能をはたすことを想定して造営したものとは理解しにくい構造のものであった。

これまで発掘された紫香楽宮の朝堂の規模と配置は、平城宮、難波宮のものとは異なり、長大な建物二棟を左右対称に配したもので、平城宮に置かれた離宮の西池宮の建物配置と強い類似性をもつことが注意されている（図33参照）。紫香楽宮には諸官司を配したものとみなされるが、大極殿をもたないように、離宮の規模を拡大した宮都であったと理解される。

しかも、これは聖武天皇が盧遮那仏の造立を、国家的な造営としてはそれまで例のない形態、すなわち行基とその集団を中心とした知識によって進めたことと深く関連するものとみなされる。

大仏造立の促進

さて、聖武天皇が難波宮から紫香楽宮に突然に行幸し、しかも紫香楽宮の大造営を開始した要因は、行基とその集団によって進められていた盧遮那仏造営の促進をはかるためと推測される。そして、その要因は、知識の中心となって造営をすすめる行基が七六歳という高齢であったので、盧遮那仏の早期完成を目指したものと理解しうる。

天皇が離宮の紫香楽宮に滞在し、長期にわたって大仏の鋳造、甲賀寺の造営に直接的に関与し続けるには、国家的な諸官司や諸施設がなくてはなしえないことである。

そこで、聖武天皇はそれまで離宮の性格をもつ紫香楽宮から、大規模な諸官衙、さらに朝堂院、内裏を配した宮都を紫香楽宮として、にわかに造営することを開始したものと推測されるのである。

宮町遺跡の中央北辺部や西南地区の調査地では、整地土中に大量の伐採した木材の原木や木簡などが投棄されていたのは、この造営工事がきわめて性急に、短期間で進められたことがよくうかがえるものであった。これは、整地土に木材を投棄することで、軟弱な整地土中の水分を吸収させることを意図したものと推測される。

また、長大な規模をなす朝堂の建物では、桁行の柱間が等間に構築されながらも、柱間には著しくバラツキがあり、精度の乏しい建物が構築されているのも、盧遮那仏の完成までという限られた期間の宮都の建物として構築されたものとみなされる。

七四五年（天平一七）一月二一日、聖武天皇は知識による大仏造立の中心的役割を担っていた行基を新たに大僧正とした。これは、大仏の造営事業が造営開始後、行基らの献身的な勧進によって著しく進展したことを具体的に物語っている。

資材と薪を求めて

ところで、聖武天皇が盧舎那仏の造立を、近江甲賀郡の紫香楽村でおこなうことを意図したのはなぜか。

これは、恭仁京の造営を中国唐の三都制を模したものとする瀧川の説によると、聖武天皇は恭仁京へ遷都した七四一年（天平一三）、大雲寺を州ごとに建てた唐の仏教政策を模して、国分寺・国分尼寺を国々で造営することを命じ、また、恭仁京の造営に際して模した洛陽城は、その南一四キロに竜門石窟があり、そこに奉先寺大仏の盧舎那仏が鎮座することから、これにならって盧舎那仏の造立も計画したとみなしている。

しかも、その盧舎那仏の造立地として、竜門には伊水が流れることから、甲賀郡の大戸川流域の地で大仏造立を構想したものと推測している。

以上のような盧舎那仏の造立に対する瀧川の説は、聖武天皇が恭仁京へ遷都した要因とともに、ほぼ妥当な考えかと思われる。しかし、盧舎那仏の造立地を、近江甲賀郡の紫香楽村にした要因には、なお検討すべき点が残るかもしれない。

南大和の藤原京から平城宮・京の遷都にともなう造営によって、大和北部や山背南部の山林が大量に伐採され、さらに恭仁宮・京の遷都による造営で、山背南部の山林の大半が伐採されることになった。そこで、新たな盧舎那仏の造立、甲賀寺の造営に必要とする銅を溶かす膨大な燃料である木炭と、堂を構築する建築資材を供給しうる地が、恭仁京の周辺では、近江の甲賀郡の紫香楽村のほかには求め難かったものと理解されるのである。

このように、紫香楽宮の造営、盧舎那仏の造立、甲賀寺の造営とあいついでおこなわれた造営は、いずれも平城京からの行幸以前に、恭仁宮・京の造営、遷都と一体のものとして聖武天皇によって構想されていたものと考えられるのである。

第5章　平城京への還都

1　複都制のなかの紫香楽宮

官人たちの痕跡

宮町遺跡からは、すでに五〇〇〇を超える多量の木簡が出土している。これらは削屑が大半であることからみて、ここに置かれた諸官衙で政務がとられていたことを推測させている。

そして、紫香楽宮の宮都の規模は、今後の調査の進展に待たねばならないが、その地形からすると、東西五〇〇メートル、南北五〇〇メートルほどの空間規模をもつ宮都ではないかと想定される。これは、判明した恭仁宮の規模が、東西約五六〇メートル、南北七五〇メートルであることからすると、さらに小規模な宮都であったことになる。しかも、周囲に広がる丘陵地からみて、恭仁京のような京域をもった都城が存在したとは想定しにくい。

では、紫香楽宮の造営にかかわった役民や政務に携わった官人たちは、どこに居住したのか。

「正倉院文書」には、この時期の天平一七年（七四五）二月と四月、平城京に還都した後の一〇月に、各官司のもとで労働に従事していた仕丁や衛士らに支給する米、塩など翌月分の食料をあらかじめ請求する大粮申請《たいろうしんせい》の文書が八〇通ほど残っている。これらをみると、紫香楽宮に遷都した直後の作業状況と、平城京へ還都した直後の状況がよくわかる（図55）。

　これらの史料では、紫香楽宮の大造営がおこなわれていた二月は、民部省、雅楽寮《げがくりょう》、玄蕃寮《げんばんりょう》、四月は民部省のほか、大膳職《だいぜんしき》、木工寮《もくりょう》、大炊寮《おおいりょう》、内蔵寮《くらりょう》、主殿寮《とのもりりょう》、掃部司《かにもりのつかさ》、内掃部司《うちのかにもりのつかさ》、

申請月	申請官司	甲賀宮	恭仁宮	難波宮	平城宮	計
2月	雅楽寮	83				83
	玄蕃寮	4	28			32
	民部省	148	12	2		162
4月	中宮職	46				46
	内蔵寮	12	11			23
	民部省	144	6	1		151
	大蔵省	8	7			15
	掃部司	22	16			38
	大膳職	40	30			70
	木工寮	167	139			306
	大炊寮	56	6	2		64
	主殿寮	67	4			71
	内膳司	59	2			61
	内掃部司	62	14	2		78
	右衛士府	634	113		45	792
	造宮省	1316	51			1367
	宮内省	108				108
10月	民部省	13			72	85
	木工寮	22			246	268
	造甲可寺所	167				167
	造宮省	586			787	1373

図55 • **天平17年（745）2・4・10月の大粮申請**（主要なもの）

右衛士府《うえじふ》、左兵衛府《さひょうえふ》、造宮省などから請求されたものがある。これをみると、紫香楽宮に造宮省関連の人たちが多く造営にかかわっていたほかに、諸官司が存在し、政務にかかわっていたことがわかる。また、紫香楽宮のほかに恭仁宮でも大粮が請求されており、その職掌の細かな内容は明らかでないが、紫香楽宮で作業にかかわった者がもっとも多く、恭仁宮がさらに補完的な役割を担っていたものと推測されるのである。

また、紫香楽宮から平城京へ還都した後の一〇月の史料からは、さらに還都後の処理を進めていたことがうかがえる。

頻発する山火事

紫香楽宮に遷都した七四五年（天平一七）夏の四月一日、紫香楽宮の近くにある市の西の山で火災があり、三日には造営中の甲賀寺の東の山で火災があった。さらに一一日にも、紫香楽宮の東の山で火災があり、幾日も鎮火しなかった。そこで都の多くの人びとが大戸川の川辺に私財を埋めた。

このように四月に入り、山火事が続いて起こった。それはなぜか。紫香楽宮、甲賀寺の周辺に広がる山々では、これらの大造営に関連する建築資材や官人層の邸宅を構築するため、また大仏造立にかかわって銅を鋳造するのに必要な膨大な量の木炭を生産するために伐採作業が各所でおこなわれていたものと想定される。それだけに多くの作業にともない山火事が起こりやすい状況であったろう。

しかし、すでに二年前から大造営がおこなわれていたことからすると、この時期にあいついで山火事が起こったことは、作業による失火とのみはいい難いものがある。これは、それまでの都城とは著しく異なる条件の悪い山間の小盆地に遷都したことに対する民衆の反対意思の表示、あるいは反対勢力による意思表示ともみなされる。

反対勢力のひとつとして、紫香楽宮とその遷都が藤原氏の勢力によって推進されたとし、それに対する橘諸兄を中心とする皇親派を想定する説がある。紫香楽宮周辺での四月以降の火災は、『続日本紀』に記された記事からすると、前年の一一月一七日に、元正太上天皇が難波宮から紫香楽宮へ移った後のことなので、どのような要因かは明らかにし難いが、元正太上天皇と関連する可能性は少なくないものと思われる。すなわち、その背景には、難波京あるいは恭仁京への還都を望む勢力による意志があったものと推測されるのである。

大地震と余震

このように紫香楽宮や大仏造営地の周辺で山火事が頻発するさなかの四月二七日、大地震が起こった。続いて余震が三昼夜にわたって続いた。震源地は美濃で、国衙《こくが》の館《たち》、寺院の堂塔、民衆の家屋が大被害をこうむった。さらに余震は続き、その余震のおさまらないさなかの五月二日、太政官《だじょうかん》は諸官司の官人たちを招集し、どこを宮都とすべきか意見を求めた。これには全員が平城京と言上した。さらに平城京に栗栖王《くりすのおおきみ》を派遣し、薬師寺に四大寺の僧侶を集めて同様のことを求めると、全員が平城京を宮都とすべきことを回答した。

このような宮都に関する意向の聴取は、七四四年（天平一六）正月におこなわれたときには、恭仁京、難波京のいずれかの選択であり、平城京はふくまれていない。しかし、紫香楽宮での大地震後の意向聴取では、以前にはなかった平城京の四大寺の僧侶に意向を聴取しており、また、その選択肢に平城京がふくまれていたことは重視する必要がある。

ここには、聖武天皇による平城京還都の意志が明らかに示されていたと理解されるのである。

複都制

聖武天皇が恭仁宮・京の造営、難波宮・京への遷都、さらに紫香楽を造営し、遷都したのは、律令制の採用のみでなく、唐の複都制をも採用したことに起因するものであることを述べてきた。

しかし、それは唐の複都制を形式的に導入しようとしたものであり、日本が唐の都城の実態を十分に理解していたわけではなかった。

唐の長安城は要害の地にあるが、城内には河川を欠くことから、諸物資の輸送の便を欠き、経済的には欠陥が内在する都城であった。これに対し、洛陽城は洛河が城内を東西に貫流し（図56・57）、防禦面では課題が多いが、諸物資の輸送、流通にすぐれた都城であった。しかも、長安城、洛陽城は、ともに日本の政治的に造営された都城に比べ、相対的により自立性をもつ都城であった。

かえりみて、日本の八世紀の都城は、難波京のみは難波津をふくむ港津都市として一定の都

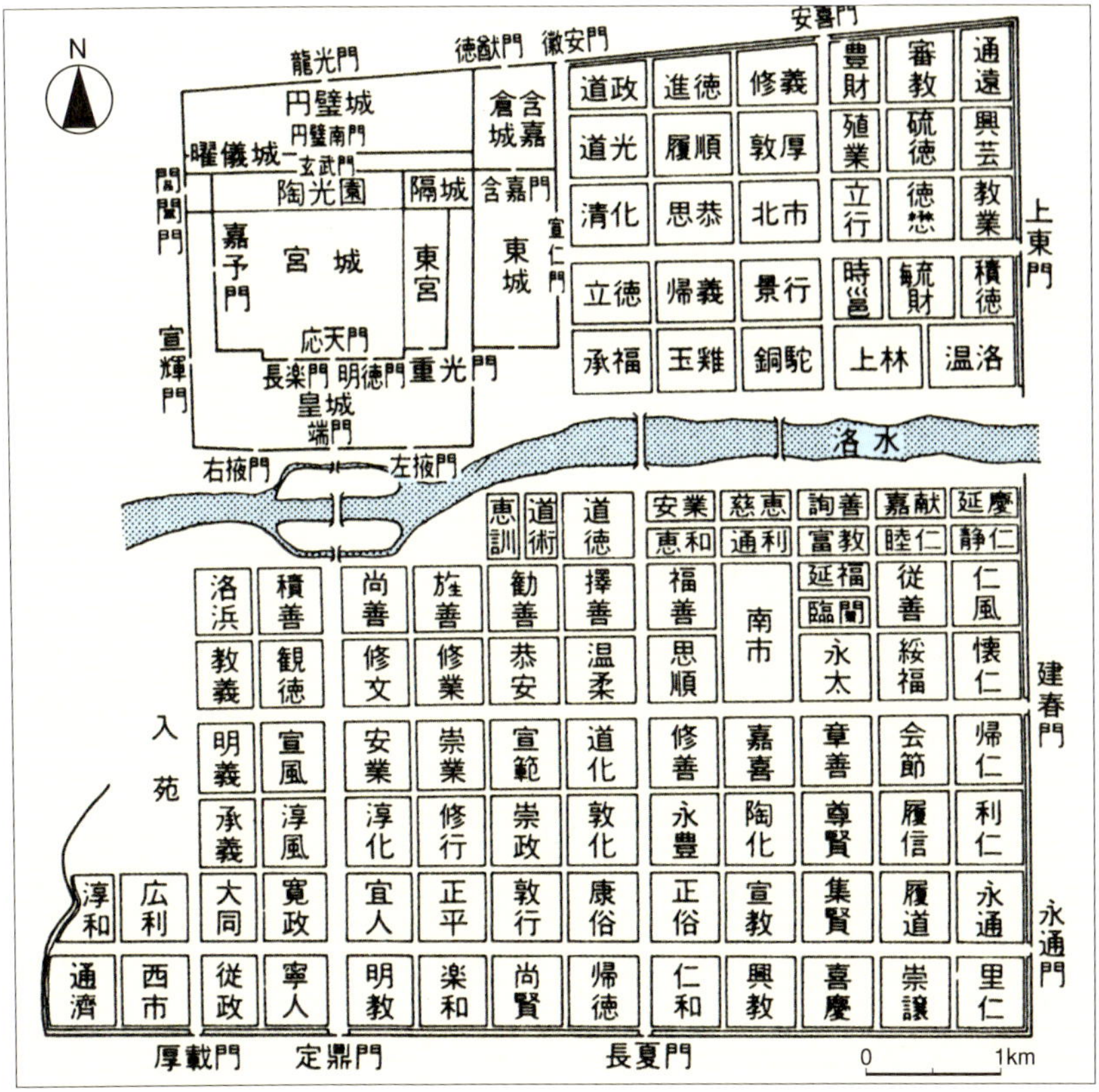

図 56 ● 唐洛陽城復原図

図 57 ● 洛陽を流れる洛河（洛水）

市的機能を自律的に果たしていた。しかし、藤原宇合が詠った歌からすると、平城京に比して小規模で、都市的な機能も格段の差があったものとみてよい。

難波京の再興後、さらに新たに第三の都城とされた恭仁宮・京は、聖武天皇によって政治的に造営された都市であった。平城京からの遷都は、多大な造営費用を必要とし、しかも役民の社会問題、官人らの移住にともなう問題などを再生産することになったことからして、もともと不可能に近いことであった。

しかも、聖武天皇は、新たな遷都の造営計画を事前に示すことなく、突然に専制権力者として東国へ行幸し、恭仁京遷都を断行したのである。その結果、都城の造営にともなう多くの矛盾が、律令社会の中で再び顕現化することとなった。

2　まぼろしの古代都市

恭仁京は、造営を開始した後、三年でその造営は中断された。『続日本紀』は突然に造営が中断したように記載するが、三年を経過し、ほぼ主要な造営は進展していたものと想定される。実際、調査によって恭仁宮の東南の宮城門が検出されている。

そして、聖武天皇は七四四年（天平一六）二月二四日、難波宮から大仏造営中の紫香楽宮に行幸し、その直後には紫香楽宮の大造営を開始している。

この紫香楽宮は、これまでの調査の成果からすると、宮町遺跡の中央南半部に大規模な朝堂を配したことが明らかになった。しかも、この造営にともなう整地作業では、整地土中に多くの木材が多量に投棄して進められていた。これは、他の宮都の造営では例のないもので、整地土中にふくむ水分を木材によって吸収し、にわかに、しかも短期間に整地し、早急に建物を構築する作業を進めざるをえない状況にあったものと推測される。

このように、恭仁宮・京、そして紫香楽宮の造営は、聖武天皇によって突発的に実施に移された例のないものであった。これは経済的に自律的な発展をもとに成立した都市とは異なるもので、平城京への還都によって、いずれも廃都になったことによく示されている。

八世紀の律令社会では、政治の中心となった都城が諸物資の流通、経済的な機能を自律的に果たしながら発展するにはおのずと限界があった。これは難波津と一体となった難波京を除くと困難なものであった。

聖武天皇による複都制をもとにした三都の構想は、いわば日本における都市にたいする認識の不十分さから、唐の都市制度を形式的に導いたもので、日本の古代国家のもとでは複都の造営、運営には限界があったことがわかる。しかも日本の都城は、城壁で四周をかこむ都市を形成する中国の都市構造による複都制とは、本質的に異なる側面が内在するものであった。

いわば、聖武天皇による五年間の彷徨は、日本の古代国家にともなう都市がもつ限界を具体的に明らかにしたものであったのである。

参考文献

信楽町教育委員会編『紫香楽宮シンポジウム―聖武天皇の夢と謎―』二〇〇四年
小笠原好彦『聖武天皇と紫香楽宮の時代』新日本出版社　二〇〇二年
足利健亮ほか『天平の都―紫香楽―その実像を求めて』信楽町　一九九七年
鈴木良章ほか「平成五年度遺跡発掘事前総合調査事業にかかる紫香楽宮関連遺跡発掘報告」『信楽町文化財報告書』第八集　信楽町教育委員会　一九九四年
足利健亮『日本古代地理研究』大明堂　一九八五年
水野正好『史跡紫香楽宮跡保存施設事業報告』滋賀県教育委員会　一九六七年
肥後和男「紫香楽宮の研究」『滋賀県史蹟調査報告』第四冊　一九三一年
森　正ほか『恭仁宮跡発掘調査報告』Ⅱ　京都府教育委員会　二〇〇〇年
瀧川政次郎『京制並に都城制の研究』角川書店　一九六七年
小笠原好彦『難波京の風景』文英堂　一九九五年
直木孝次郎「天平十六年の難波遷都をめぐって―元正太上天皇と光明皇后―」『難波宮と難波津の研究』吉川弘文館　一九九四年
瀧浪貞子『帝王聖武』講談社　二〇〇〇年
吉田靖雄『行基と律令国家』吉川弘文館　一九八七年
石母田正「国家と行基と人民」『日本古代国家論』岩波書店　一九七三年
井上光貞「行基年譜　特に天平十三年記の研究」『律令国家と貴族社会』吉川弘文館　一九六九年
岸　俊男『日本の古代宮都』日本放送出版協会　一九八一年
大橋信弥・小笠原好彦編『新・史跡でつづる古代の近江』ミネルヴァ書房　二〇〇五年

宮町遺跡・史跡紫香楽宮跡

●JR東海道線・草津駅で草津線に乗り換え、貴生川駅下車。貴生川駅で信楽高原鐵道に乗り換え、紫香楽宮跡駅下車。徒歩一〇分で紫香楽宮跡、そこから徒歩三〇分で宮町遺跡。
●JR東海道線・石山駅から帝産湖南交通バス・信楽行、黄瀬公民館下車。徒歩三〇分で宮町遺跡。

宮町遺跡

宮町遺跡は、現在も発掘が続いている。調査事務所に出土遺物が展示されており、見学できる（九時〜一六時三〇分）。紫香楽宮関連遺跡調査事務所のホームページ

http://www.ex.biwa.ne.jp/˜hakkutu/

にイベント情報などが掲載されている。近く、アドレスが変更になり、甲賀市のホームページから入ることができるようになる。

史跡紫香楽宮跡は、現在は甲賀寺と推定されている。整備され、金堂、講堂、僧房などの位置がよくわかる。

甲賀寺（史跡紫香楽宮跡）南門想定地

恭仁宮・京跡

●JR関西本線・加茂駅下車、徒歩一時間。または加茂駅から奈良交通バス和束行、岡崎下車。徒歩二〇分。バスの本数は少ないので、前もって時刻表を調べたほうがよい。

難波宮跡公園

●地下鉄谷町線または地下鉄中央線の谷町四丁目駅下車。徒歩五分。

前期難波宮と後期難波宮の構造が、赤いタイルや石造りの柱などでわかりやすく表示されている。

後期難波宮大極殿跡

刊行にあたって

「遺跡には感動がある」。これが本企画のキーワードです。

あらためていうまでもなく、専門の研究者にとっては遺跡の発掘こそ考古学の基礎をなす基本的な手段です。また、はじめて考古学を学ぶ若い学生や一般の人びとにとって「遺跡は教室」です。

日本考古学では、もうかなり長期間にわたって、発掘・発見ブームが続いています。そして、毎年厖大な数の発掘調査報告書が、主として開発のための事前発掘を担当する埋蔵文化財行政機関や地方自治体などによって刊行されています。そこには専門研究者でさえ完全には把握できないほどの情報や記録が満ちあふれています。しかし、その遺跡の発掘によってどんな学問的成果が得られたのか、その遺跡やそこから出た文化財が古い時代の歴史を知るためにいかなる意義をもつのかなどといった点を、莫大な記述・記録の中から読みとることははなはだ困難です。ましてや、考古学に関心をもつ一般の社会人にとっては、刊行部数が少なく、数があっても高価なその報告書を手にすることすら、ほとんど困難といってよい状況です。

いま日本考古学は過多ともいえる資料と情報量の中で、考古学とはどんな学問か、また遺跡の発掘から何を求め、何を明らかにすべきかといった「哲学」と「指針」が必要な時期にいたっていると認識します。

本企画は「遺跡には感動がある」をキーワードとして、発掘の原点から考古学の本質を問い続ける試みとして、日本考古学が存続する限り、永く継続すべき企画と決意しています。いまや、考古学にすべての人びとの感動を引きつけることが、日本考古学の存立基盤を固めるために、欠かせない努力目標の一つです。必ずや研究者のみならず、多くの市民の共感をいただけるものと信じて疑いません。

監　修　戸沢　充則
編集委員　石川日出志　小野　正敏
勅使河原彰　佐々木憲一

著者紹介

小笠原好彦（おがさわら・よしひこ）

1941年青森市生まれ。1966年東北大学大学院文学研究科修士課程（国史学）修了。同年、奈良国立文化財研究所平城宮跡発掘調査部に勤務。飛鳥藤原宮跡発掘調査部を経て現在、滋賀大学教授。
主な著作　『近江の古代寺院』共著　近江の古代寺院刊行会、『クラと古代王権』編著　ミネルヴァ書房、『難波京の風景』文英堂、『近江の考古学』サンライズ出版、『展望日本歴史4　大和王権』『展望日本歴史5　飛鳥の朝廷』編著　東京堂出版、『聖武天皇と紫香楽宮の時代』新日本出版社、『新・史跡でつづる古代の近江』編著　ミネルヴァ書房、『日本古代寺院造営氏族の研究』東京堂出版

写真の提供・出典
図3：共同通信社、図4：肥後和男「紫香楽宮の研究」『滋賀県史蹟調査報告』4、図5〜9・30・31・36〜39・44・50：甲賀市教育委員会、図13・40：著者撮影滋賀県教育委員会承諾、図41・43：滋賀県教育委員会、図53：奈良市観光協会
上記以外の写真：著者

図の出典
図17：足利健亮『日本古代地理研究』、図19：『恭仁宮跡発掘調査報告』II　京都府教育委員会、図22：岸俊男『日本の古代宮都』、図27〜29・33：『新・よみがえれ紫香楽宮』甲賀市教育委員会、図34・35・45・47：甲賀市教育委員会、図46：肥後和男「紫香楽宮の研究」『滋賀県史蹟調査報告』4、図56：『難波京と古代の大阪』（財）大阪市文化財協会
上記以外の図：著者および編集部

シリーズ「遺跡を学ぶ」020
大仏造立の都・紫香楽宮（しがらきのみや）

2005年10月20日　第1版第1刷発行

著　者＝小笠原好彦

発行者＝株式会社 新 泉 社
東京都文京区本郷 2-5-12
振替・00170-4-160936番　TEL03(3815)1662／FAX03(3815)1422
印刷／太平印刷社　製本／榎本製本

ISBN4-7877-0540-7　C1021

シリーズ「遺跡を学ぶ」（第Ⅰ期・全30巻　毎月1冊刊行）

001	北辺の海の民・モヨロ貝塚	米村　衛
002	天下布武の城・安土城	木戸雅寿
003	古墳時代の地域社会復元・三ツ寺Ⅰ遺跡	若狭　徹
004	原始集落を掘る・尖石遺跡	勅使河原彰
005	世界をリードした磁器窯・肥前窯	大橋康二
006	五千年におよぶムラ・平出遺跡	小林康男
007	豊饒の海の縄文文化・曽畑貝塚	木﨑康弘
008	未盗掘石室の発見・雪野山古墳	佐々木憲一
009	氷河期を生き抜いた狩人・矢出川遺跡	堤　隆
010	描かれた黄泉の世界・王塚古墳	柳沢一男
011	江戸のミクロコスモス・加賀藩江戸屋敷	追川吉生
012	北の黒曜石の道・白滝遺跡群	木村英明
013	古代祭祀とシルクロードの終着地・沖ノ島	弓場紀知
014	黒潮を渡った黒曜石・見高段間遺跡	池谷信之
015	縄文のイエとムラの風景・御所野遺跡	高田和徳
016	鉄剣銘一一五文字の謎に迫る・埼玉古墳群	高橋一夫
017	石にこめた縄文人の祈り・大湯環状列石	秋元信夫
018	土器製塩の島・喜兵衛島製塩遺跡と古墳	近藤義郎
019	縄文の社会構造をのぞく・姥山貝塚	堀越正行
別冊01	黒耀石の原産地を探る・鷹山遺跡群	黒耀石体験ミュージアム

A5判／96頁／定価1500円＋税